Christiane Rösel

Neugierig auf das, was kommt

Inspiriert älter werden

SCM
Hänssler

SCM

Stiftung Christliche Medien

SCM Hänssler ist ein Imprint der SCM Verlagsgruppe,
die zur Stiftung Christliche Medien gehört, einer gemeinnützigen Stiftung,
die sich für die Förderung und Verbreitung christlicher Bücher,
Zeitschriften, Filme und Musik einsetzt.

MIX
Papier | Fördert gute Waldnutzung
FSC® C014496

SCM Hänssler in der SCM Verlagsgruppe GmbH
Max-Eyth-Straße 41 · 71088 Holzgerlingen
Internet: www.scm-haenssler.de; E-Mail: info@scm-haenssler.de

Lektorat: Christiane Kathmann, www.lektorat-kathmann.de
Umschlaggestaltung: Sybille Koschera, Stuttgart
Titelbild: Anatolijs Jascuks / Arcangel
Autorenfoto: © Christiane Rösel
Satz: typoscript GmbH, Walddorfhäslach
Druck und Bindung: GGP Media GmbH, Pößneck
Gedruckt in Deutschland
ISBN 978-3-7751-6217-3
Bestell-Nr. 396.217

Inhalt

Vor-Worte:
Wozu dieses Buch?

Plötzlich ist sie da, diese Frage, und lässt mich nicht mehr los: Wie werde ich älter? Und was bedeutet das für die nächsten Jahre? Es ist nicht länger ein »Planspiel« – unüberhörbar klopft die nächste Lebensphase an.

An meinem 50. Geburtstag meinte eine ältere Freundin: »Jetzt gehst du direkt auf die sechzig zu!« Danke dafür. War ich doch gerade dabei, mich mit der Fünfzig auszusöhnen. Zu dieser Zeit schien die Sechzig noch weit weg zu sein. Heute ist sie das nicht mehr. Und ich fange an, mir Gedanken zu machen:

- Wie starte ich in diesen neuen Lebensabschnitt?
- Worauf kann ich mich freuen?
- Was will ich nicht länger verschieben?
- Wofür ist es höchste Zeit?
- Und die besonders drängende Frage: Kommt da noch etwas?

Ist es die »bessere Hälfte«, die uns erwartet? Eckart von Hirschhausen und Tobias Esch meinen: »Die Zufriedenheit nimmt für die meisten Menschen in der zweiten Lebenshälfte zu. Das Beste kommt erst noch. Nicht ganz zum Schluss, aber all die Jahre davor! Die zweite Hälfte ist für die meisten von uns die bessere!«[1] Stimmt das? Sind die Menschen mit 70 zufriedener als mit 17?

Was brauchen wir, was können wir vielleicht auch dazu beitragen, damit das so ist?

Lange vor dem »Doktor der Nation« meinte der weise König Salomo: »Denk an deinen Schöpfer in deiner Jugend, ehe die bösen Tage kommen und die Jahre nahen, da du wirst sagen: ›Sie gefallen mir nicht!‹« (Prediger 12,1). Was stimmt denn nun? Wer von ihnen hat recht? Liegt der schönere Teil hinter uns oder kommt er noch? Was machen wir mit diesem Dilemma? Und welcher Blick auf unser Leben kann helfen, neugierig Ausschau zu halten, trotz mancher Unwegsamkeit?

Appelle sind es wohl eher nicht. »Reiß dich zusammen!«, »Stell dich nicht so an!«, »Anderen geht es viel schlechter – was hast du eigentlich?« hat noch nie so wirklich geholfen. Was mir jedoch guttut, sind Entdeckungen, die mich auf einen neuen Weg locken:

- Mein Leben ist mir anvertraut. Geschenkt. Gott selbst hat sich etwas dabei gedacht. Dass ich bin, ist seine Idee. Darin liegt mein »Lebensgrund«. In Momenten, die mich durchschütteln, hilft es mir, mich daran zu erinnern. Ich muss nicht begründen, warum ich bin. Die Letzt-Verantwortung trägt ein anderer.
- Mit diesem Geschenk verbindet sich ein Platz – mein Platz in dieser Welt. Platz ist nicht dasselbe wie Ort. Orte können sich verändern – zumindest für uns war das so. Aber auch an unterschiedlichen Orten habe ich meinen Platz in dieser Welt.
- Mich motivieren Menschen, gelebte Beispiele, die hoffnungsvoll in diese Lebensphase gestartet sind. Menschen, die die letzten Jahre im Beruf gut gestalten und dann los-

> lassen und Gott noch einmal neu fragen: Was möchtest du jetzt? Wo ist mein, wo ist unser Platz? Welche Form passt jetzt für mein Leben? Und was kann ich vielleicht neu ausprobieren?

Nach solchen Menschen halte ich Ausschau. Und ich mache mich selbst auf den Weg.

Vor einigen Jahren haben mein Mann und ich uns ein Kanu gekauft. Seitdem »paddeln« wir immer mal wieder durch die Weltgeschichte: auf dem Mittelmeer, dem Neckar, um die Insel Reichenau oder auf dem Bodden vor Rügen. Eine schöne Entdeckung – verbunden mit einer neuen Perspektive: Vom Wasser aus sieht die Welt anders aus! Wir haben die ersten Eisvögel unseres Lebens gesehen, große Jachten sind an uns vorübergezogen, während wir in unserem roten Kanu munter gepaddelt sind. Im Takt – das müssen wir noch besser lernen.

Immer mal wieder wird man auch gehörig nass. Das ist für mich zum Bild für die anstehenden Veränderungen geworden: »Hintern hoch«, denn »sofasitzend« wird sich nichts ergeben! Ein gewisses Risiko gehört dazu und der Mut, etwas auszuprobieren. Nicht alles gelingt, ab und zu ist es stürmisch, und manchmal werden wir nass. Aber was hätten wir alles verpasst, wenn wir es nicht versucht hätten!

Für mich ist das ein ermutigender Ausblick in die neue Lebensphase. Sie kommt, so viel ist sicher. Aber wenn, dann will ich sie proaktiv gestalten und mir nicht ausreden lassen – auch nicht von mir selbst –, dass das möglich ist.

Auf diesem Weg halte ich Ausschau nach Impulsen und vor allem nach Verbündeten. Immer wieder entdecke ich Bücher, Artikel und Podcasts, die mich inspirieren. Und eins ist klar: Alleine kann und will ich diesen Weg nicht gehen. Deshalb habe ich angefangen, mich mit Menschen zu vernetzen, sie zu fragen, wie sie diesen Übergang geschafft und gestaltet haben.

Einige der Fundstücke meiner Spurensuche möchte ich in diesem Buch mit Ihnen teilen, denn in meinem Leben waren es oft Bücher und Texte, die mir wichtige Anstöße gegeben haben. Sie sind auf diesem Weg fast so etwas wie Freunde geworden: aufrichtig, ermutigend, unterhaltsam, tröstend, inspirierend – wie Freunde eben so sind.

Ich lade Sie zu einer Entdeckungsreise ein. Bleiben – oder werden Sie neugierig auf das, was kommt!

Christiane Rösel

Neugierig auf das, was kommt! Inspiriert älter werden?

Wir Menschen haben eine große Sehnsucht nach klaren und eindeutigen Antworten. Aber für mich begann alles mit einer Frage. Ich liebe gute Fragen. Vielleicht liegt das daran, dass ich in meinem Leben so viele Antworten auf Fragen gehört habe, die keiner gestellt hat. Aber die folgende Frage hat mich richtig herausgefordert:

Was will ich unter allen Umständen für ein Mensch sein?

Mit dieser Frage wurde ich auf einer Tagung konfrontiert. Im »professionellen Tagungsmodus« war ich mehr oder weniger gespannt darauf, was uns erwartet. Aber dann diese Frage: »Was willst du unter allen Umständen für ein Mensch sein?« Sicher macht es einen Unterschied, *wer* eine solche Frage stellt. In diesem Fall kam die Frage von René Winkler, dem ehemaligen Direktor der Pilgermission St. Chrischona, der zu diesem Zeitpunkt eine beruflich und persönlich herausfordernde Geschichte hinter sich hatte. Wie er damit umging, überzeugte und ermutigte mich: Wenn René Winkler sich in seiner Situation diese Frage stellt – dann könnte es für mich auch dran sein.

Außerdem traf diese Frage auf andere Fragen, die ich mir seit einiger Zeit stellte: Wofür lohnt es sich? Was ist eigentlich der Sinn meines Lebens?

Es gab Momente, in denen ich mir diese Fragen nicht nur gestellt habe, sondern wo sie mich echt geplagt haben. Doch bei dieser Frage war es anders – irgendwie lockte sie mich, darauf eine Antwort zu finden:

Unter allen Umständen …

Ist das nicht etwas zu vollmundig? Ich habe zu viele Menschen erlebt, die mit hohen Zielen und großen Worten gestartet sind. Was ist aus ihnen geworden? Da muss ich ja gar nicht weit schauen – was trägt und hält in meinem Leben stand, wenn ich herausgefordert werde? Was mache ich mit mancher Ernüchterung und Enttäuschung am Ende des zweiten Lebensdrittels? Mir macht man so schnell nichts mehr vor! Im Leben nicht, aber vor allem nicht im Glauben.

Ist es das, was übrig bleibt? Und muss das so sein? Gibt es da etwas, was standhält? Standhalten hat für mich mit Bewahren zu tun. Das habe ich gelernt, eigentlich von klein auf, und rückblickend finde ich es nicht verkehrt. Auch das ist Teil unseres Lebens. Aber trägt das schon?

Wenn ich heute zurückschaue, würde ich sagen: Was mir immer und unter allen Umständen geholfen hat, ist, gehalten zu sein. Wenn die Antworten ausbleiben, wenn Menschen und Situationen schwierig sind und Nöte aufbrechen, die uns ratlos und sprachlos machen – dann brauche ich keine klugen Worte und Appelle, sondern die Gewissheit: Ich bin gehalten – unter allen Umständen! Das ist ein »Lebens-Boden«, auf den ich mich verlassen kann, weil er nicht von mir abhängig ist. Da bekomme ich »Grund unter die Füße«. Und ich merke, dass ich diesen Boden brauche, um Fragen zuzulassen. Der Boden ist da – also traue ich mich, den nächsten Schritt zu versuchen.

Was will ich für ein Mensch sein?

Das ist ja viel mehr als die Frage nach meinen aktuellen Zielen. Schon mit Anfang zwanzig gehörte es zu meinem Leben dazu, mir Ziele zu setzen. Aber irgendwie verbirgt sich hinter dieser Frage mehr: »Was will ich für ein Mensch sein?« Mein erster Impuls ist: Und was ist, wenn ich das nicht schaffe, was ich so gern sein möchte? Lieber bleiben lassen, bevor es nicht klappt? Andererseits habe ich das Gefühl, dass diese Gedanken noch mal ein Impuls sein könnten, der etwas bewegt.

Mitten in diesen Fragen taucht ein Bibelwort auf, das irgendwie dazu passt. Der Wochenspruch lautet: »Es ist dir gesagt, Mensch, was gut ist und was der Herr von dir fordert: nichts als Gottes Wort halten und Liebe üben und demütig sein vor deinem Gott« (Micha 6,8). Gerade habe ich gedacht: »Na ja, Fragen stellen ist ganz gut – aber das allein genügt doch nicht. Irgendwoher müssen ja auch Antworten kommen!«

Für mich ist dieser Wochenspruch nicht irgendein Bibelwort, sondern eines, mit dem ich meine Geschichte habe. Zuerst eine Abgrenzungsgeschichte: »Demütig sein vor deinem Gott«, das klingt nicht gerade reizvoll. Wer will das denn? Bis ich entdeckt habe, dass man diesen Teil auch anders übersetzen kann mit den Worten: »aufmerksam mitgehen mit deinem Gott«! Das ist *mein* Wort. Das will ich. Schon immer. Ein Mensch sein, eine Frau sein, die »aufmerksam mitgeht mit ihrem Gott«! Das heißt nicht, dass damit alles gelingt und jeder Weg klar ist. Aber aufmerksam mitgehen heißt: Ich gehe Seite an Seite mit meinem himmlischen Vater. Das ist es, was Gott bei mir sucht.

Doch in diesem Vers stecken noch weitere Gedanken zu meiner Frage: »Was will ich unter allen Umständen für ein Mensch sein?«

- Gottes Wort halten
- Liebe üben
- Aufmerksam mitgehen mit deinem Gott

Nun probiere ich eigene Worte aus. Wie würde ich formulieren, was ich für ein Mensch sein möchte?

Ich möchte eine Frau sein, die zur Ehre Gottes lebt. Fast zucke ich beim Schreiben ein bisschen zusammen. Klingt das nicht sehr fromm und fast etwas platt? Vielleicht. Aber das ist es. Es gibt etwas Größeres in meinem Leben. Anerkennung ist für mich ein hoher Wert und einer, für den ich mich sehr angestrengt habe. Wie wäre es, loszulassen, die Sorge um mich selbst genauso wie die Angst, nicht angenommen zu werden? Und es noch einmal sehr bewusst zu sagen und zu tun: Zur Ehre Gottes, meines Schöpfers, will ich leben! Das genügt. Wie viel Freiheit liegt darin. Und es fühlt sich irgendwie lebendig an. »Gottes Ehre ist der lebendige Mensch«, hat der Kirchenvater Irenäus gesagt.

Ich möchte die Menschen lieben – so wie sie sind! Liebe üben. Die Menschen lieben, so wie sie sind, und nicht, wie ich sie mir idealerweise vorstelle. Ich gebe zu: Menschen strengen mich manchmal an. (Umgekehrt gilt das sicher auch.) Aber wie wäre es, die Menschen wirklich zu lieben – einfach weil sie da sind. Carlo Carretto, ein italienischer Schriftsteller, sagte einmal: »Die Liebe wird nie versäumen, uns zu lehren, was wir tun sollen.« Die Liebe wird zum Schlüssel zu den Herzen der Menschen.

Ich möchte Räume eröffnen. Ich möchte gerne Räume eröffnen, andere »zum Zug« kommen lassen, Menschen vernetzen und verbinden. Auf diese Weise will ich eine Ermutigerin sein.

»Haben Menschen Platz in meiner Nähe?« Diese Frage stelle ich mir immer wieder einmal und ich wünsche mir, dass das passiert. Vielleicht noch mehr als bisher. Am Schluss unserer Tagung meinte der Referent: »Diese Worte und Sätze sind nicht in Stein gemeißelt.« Das ist gut, sie dürfen sich im Laufe der Zeit verändern. Aber sie haben eine »schöpferische Kraft«.

Wie wäre es also, wenn mich diese Frage auf dem Weg in die neue Lebensphase leitet: *Was will ich unter allen Umständen für ein Mensch sein?*

Was bedeutet das für meine Lebensgestaltung, aber auch für meinen Glauben? Was erleben die Menschen, wenn sie mir begegnen? Und wie wäre es, wenn mein Herz, je älter ich werde, immer weiter wird, vielleicht sogar »platzt« vor lauter Weite? Diese Perspektive lockt und motiviert mich.

In drei großen Abschnitten werde ich mit Ihnen über die folgenden Aspekte nachdenken:

- Weiter glauben
- Weiter lernen
- Herz-Erweiterung

Vorab möchte ich Ihnen eine kurze Einführung geben, worum es in diesen Abschnitten geht.

***Weiter* glauben**

Schon der Theologe Karl Barth wusste: »Gott ist der ganz Andere!« Ich verstehe seine Worte so: »Wenn du denkst, dass du etwas von Gott verstanden hast, ist das nur ein Teil von ihm. Daneben gibt es noch viele andere Teile, die dir vielleicht fremd sind, bei denen es sich aber lohnt, dass du sie entdeckst.«

Das möchte ich gerne. Doch warum habe ich das nicht längst gemacht? Was hat mich bisher davon abgehalten? Vermutlich liegt es einerseits daran, dass alles im Leben seine Zeit und seinen Ort hat. Manche Erkenntnisse und Entwicklungen haben ihren »Kairos«, ihren passenden Zeitpunkt. Genau jetzt. Einen solchen Kairos kann ich nicht vorwegnehmen. Wenn es aber so weit ist, kann ich mein Herz dafür öffnen. Dann kann ich vielleicht noch einmal neu und anders hinhören. Ich kann Fragen stellen – und mich infrage stellen lassen.

Andererseits braucht es die Bereitschaft, noch einmal neu hinzuhören. Wirklich zu hören. Das muss ich üben. Schnell habe ich eine Erwiderung auf den Lippen. Nun geht es darum, diese runterzuschlucken und mich bewusst zu entscheiden: Erst will ich hinhören, und dann sehen wir weiter.

Wer weiß, was diese Fragen – diese guten und ehrlichen Fragen – so alles auslösen können. Einmal fragte unser Leiter uns: »Was möchtet ihr, wofür unser Werk bekannt ist, wofür es steht?« Und ich dachte: Ich möchte, dass die Menschen uns als Christinnen und Christen wahrnehmen, die andere nicht mit glatten und »richtigen« Antworten abservieren, sondern gute Fragen zulassen und gute Fragen stellen. Selbst dann oder gerade dann, wenn wir darauf noch keine Antwort haben. Wenn uns das gelingt, wie viel können wir dann lernen!

Und wieder gilt: Es fängt bei mir an. Der einzige Mensch in dieser großen weiten Welt, den wir vielleicht ein wenig verändern können, sind wir selbst. Wenn es also niemand anders tut, will ich es doch versuchen. Und *weiter* glauben in dieser neuen Lebensphase.

Weiter lernen

Wie so oft hängen mein Glaube und mein Leben zusammen. Ich kann es nicht trennen. Dabei spüre ich eine Sehnsucht, Neues zu entdecken. Und ich wünsche mir eine neue Leichtigkeit, es einfach zu versuchen. Muss ich denn alles so machen wie immer? Loslassen, etwas nicht tun, mich unterbrechen lassen – das wäre doch auch schön, das würde einen Unterschied in meinem Leben machen.

Wie wäre es wohl, den kleinen Zensor – wohl eher großen Zensor –, der mich antreibt, anzuschauen und zu sagen: »Weißt du, so viele Jahre hast du den Ton angegeben. Mich in Bewegung gebracht. Jetzt ist es genug. Du darfst bleiben, irgendwo muss ein Zensor ja auch wohnen – und wenn nicht bei mir, ziehst du womöglich woanders ein. Aber du hast nicht mehr das Sagen!«

Hört sich gut an, oder? Nun wird sich das, was wir ein Leben lang eingeübt haben, nicht von heute auf morgen verändern. Aber mein Herz dafür zu öffnen – für den Weg in eine neue Weite –, das möchte ich lernen, unbedingt!

Vielleicht auch etwas Neues ausprobieren? Ich bin nicht allzu abenteuerlustig, aber wer weiß, welche Ideen da noch entstehen. Denn eines habe ich in den letzten Jahren gelernt: Es ist möglich, Grenzen zu überwinden. Ja, es kostet Kraft, es geht nicht einfach so. Aber es ist ein Weg in eine neue Freiheit hinein.

Herz-Erweiterung

Wenn Sie einen Wunsch frei hätten – was wäre das? Was würde direkt aus Ihnen heraussprudeln? Vermutlich sind Sie genauso wie ich mit Märchen aufgewachsen und dort lernen wir: Achtung beim Wünschen! Aber wenn ich darüber nachdenke – oder besser wohl: nachsinne – und meine Gedanken »mal loslasse«, taucht ein Wunsch immer wieder auf: ein weites Herz. Eines, in dem viele und vieles Platz haben. Wo Menschen und Situationen sein dürfen – einfach so, wie sie nun mal sind.

Aber wie bekomme ich ein solches Herz? Wie geschieht jetzt, in dieser Lebensphase, noch einmal eine echte Herz-Erweiterung? Drei Gedanken bewegen mich dabei:

- die spirituelle, geistliche Dimension
- die praktische Bedeutung
- #SchönesimHerz

Die spirituelle, geistliche Dimension

Ein Bibelvers und besonders das Bild, das dieser Vers anbietet, bringen mich auf eine Spur. Paulus spricht im Brief an die Epheser von »erleuchteten Augen des Herzens«: »Er gebe euch erleuchtete Augen des Herzens, damit ihr erkennt, zu welcher Hoffnung ihr von ihm berufen seid« (Epheser 1,18).

Der Kirchenvater Augustinus sagt dazu: »Unsere Aufgabe in diesem Leben ist nichts anderes, als das Auge des Herzens heilen zu lassen, mit dem Gott gesehen wird.«

Was muss bei mir vielleicht noch »nachheilen«? Wie bekomme ich diese »erleuchteten Augen des Herzens«? Vermutlich erhält man sie nicht einfach im Vorbeigehen. Was kann dabei helfen?

Mir hilft Stille halten. Wahrnehmen und hören. Hinschauen »auf den zweiten Blick« und nicht gleich meinen, Bescheid zu wissen. Einblenden und ausblenden. Fokussieren.

Mit den »Augen des Herzens« zu schauen, wirft für mich auch die Frage auf: Wem gehört eigentlich mein Herz? Hier will ich vorsichtig sein mit vorschnellen, auch vorschnellen christlichen

Antworten. Als wir Kinder waren, haben meine Eltern abends manchmal mit uns gebetet: »Ich bin klein, mein Herz mach rein, soll niemand drin wohnen als Jesus allein!« Heute klingt dieses Gebet etwas fremd und aus der Zeit gefallen, irgendwie auch nicht kindgemäß. Gerade für Kinder ist es wohl eher schwer, diese knappe Formulierung richtig zu verstehen. Für mich als Erwachsene wirft es Fragen auf, die auch schon einiges mit Herz-Erweiterung zu tun haben. Muss ich auf mein Herz aufpassen, mich anstrengen – ist es das, was etwas verändert? Oder darf ich mein Herz ausrichten und erwarten, dass Jesus selbst etwas tut, verwandelt und verändert? Oder gehört beides irgendwie zusammen?

Wichtig scheint mir, zu klären, wer der eigentlich Handelnde ist: Wer handelt in meinem Glauben, meinem Leben – an meinem Herzen? Wenn hier etwas in Schieflage gerät und ich meine, es würde alles an mir liegen, dann muss ich möglichst viel und ängstlich bitten, um ein reines Herz zu bekommen. Wenn Jesus aber der ist, der das Eigentliche tut, kann ich mich ihm vertrauensvoll zuwenden. Er wird es schon machen.

Spüren Sie den Unterschied? Das heißt nicht, dass die Bitte um ein reines Herz überflüssig wäre. Aber dass ich es erhalte, ist ein Geschenk! Nicht mehr und nicht weniger.

Spannenderweise bittet Paulus hier aber nicht für sich, sondern für andere, nämlich für die Männer und Frauen in der Gemeinde in Ephesus. Sie sollen »erleuchtete Augen des Herzens erhalten«. Auf diesen Gedanken bin ich noch nie gekommen.

Die praktische Bedeutung

Wie wäre es, für mich und andere genau darum zu bitten? Viel schneller entdecke ich dagegen »den Schubladenschrank«. Wer ist da schon so alles in einer bestimmten Schublade verschwunden! Und wenn er oder sie Pech hat, kommen sie nie wieder heraus.

So ist das Leben – wir haben uns eine Meinung gebildet, über die Welt, die Menschen und das, was wir dazu meinen. Das gehört ja auch dazu, doch wie wäre es, noch einmal Neues zuzulassen? Wie viele Möglichkeiten zu echter Begegnung verpasse ich, weil ich manchem gar keine Chance gebe? Wie sieht hier eine Herz-Erweiterung aus? Und was kann ich dazulernen von Menschen, bei denen ich es nie gedacht hätte?

Vor Kurzem habe ich eine Weiterbildung bei einem ehemaligen Studienkollegen gemacht – etwa dreißig Jahre nach Studienabschluss. Dass das möglich ist und ich eine Menge von ihm lernen kann, hätte ich damals schlicht ausgeschlossen. Vor dreißig Jahren ist er bei mir in einer Schublade verschwunden, die heißt: »Der meint, er weiß alles. Von dem lass ich mir nichts sagen!« Aber was soll ich sagen: Ich staune darüber, was sich bei uns beiden verändert hat. Wir haben manches gelernt, Lehrgeld bezahlt durch Versuch und Irrtum – und wir haben dazugelernt. Ich habe eine Herz-Erweiterung bei ihm gespürt. Da hat sich etwas verändert. Und deshalb glaube ich das auch für mich.

#SchönesimHerz

Sind Sie auch auf Instagram unterwegs? Ich bin keine Intensiv-Userin, aber ab und zu entdecke ich schöne und ermutigende Impulse. Vor einiger Zeit hat Jele Mailänder gepostet: #SchönesimHerz. Und gleich habe ich in mein Tagebuch notiert: Oh ja, bitte!

Ist das nicht auch eine besondere Form der »Herz-Erweiterung«? Und noch dazu eine richtig schöne? Im Nachhinein hat es mich selbst überrascht und richtig gefreut, was ich mir notiert habe:

#SchönesimHerz bedeutet:

- Dankbarkeit als Lebensboden
- Worauf – und auch auf wen – richte ich meinen Blick?
- Erinnerung: »Vergiss nicht, was er dir Gutes getan hat!«
- Wenn das, was ist, genug sein darf.
- Wenn andere sein dürfen: erfolgreicher, schöner, wichtiger, mit einer größeren Reichweite – und es versetzt mir keinen Stich mehr.

All das – und vermutlich noch viel mehr bedeutet Herz-Erweiterung.

Neugierig bleiben – mit einem weiten Herzen

Ja, bitte!

Denn so weit ist Gottes Herz, dass wir alle dort einen Platz haben. Dass Sie dort einen Platz haben. Einen Platz an Gottes Herzen.

Vermutlich ist das der Schlüssel, auch für die vielen kleinen und großen Fragen, die uns beschäftigen. Wer weiß, dass er einen Platz hat, wo er sicher ist, wo er sein darf und der nur ihm gehört, der muss nicht mehr kämpfen, vergleichen, andere klein halten, damit er selbst groß wird. Denn das ändert an diesem Platz ja nichts. Der wird nicht von jemand anderem besetzt. Der ist frei gehalten – nur für mich, nur für Sie!

Um das in seiner Tiefe zu begreifen, hilft mir ein Bild aus meiner Kindheit mehr als viele Worte. Was war das für ein schönes Gefühl, wenn eine Freundin gesagt hat: »Komm schnell, ich habe für dich frei gehalten!« Genauso ist es bei Gott. Er ist schon mal vorgelaufen: »Ich habe für dich freigehalten!« So und nicht anders ist dieser Platz.

Nun weiß ich das schon ziemlich lange, denn ein Leben ohne Glauben hat es für mich nie gegeben. Aber ich merke, dass ich das eigentlich erst in den letzten Jahren noch einmal neu verstanden habe. Wobei »verstehen« diese Entdeckung nicht korrekt beschreibt. Es ist ein Verstehen des Herzens. Und das hat grundlegend etwas verändert. Es hat einen Boden bereitet, einen »Herzensboden«, auf dem ich sicher bin. Wo ich sein darf. Willkommen bin! Das hat etwas verändert, in die Tiefe meines Herzens hinein. Wenn ich zurückschaue, würde ich sagen: Das habe ich mir gewünscht. Schon immer! Dass das passiert ist, ist vermutlich eines der größten Geschenke der letzten Jahre.

Und das Gute ist: Es ist kein Exklusiv-Geschenk. Sonst wäre es ja unfair, darüber zu schreiben und anderen davon vorzuschwärmen. Dieses Geschenk ist das, was Jesus uns allen anbietet, in der Gemeinschaft mit ihm.

Weiter glauben – Weiter lernen – Herz-Erweiterung

In welcher Beziehung stehen nun aber diese drei zueinander – weiter glauben, weiter lernen, Herz-Erweiterung? Im Bild gesprochen werfen sie wie ein Kaleidoskop in unterschiedlichen Facetten verschiedene Blicke auf unser Thema: Neugierig auf das, was kommt! Inspiriert älter werden. Sie gehören ganz eng zusammen, sodass eines ins andere übergeht. Aber in der jeweiligen Zuordnung werden sie fassbarer und sind besser nachzuvollziehen. In jedem Fall beschreiben sie ein Stück meiner persönlichen Glaubens-, Lebens- und Lerngeschichte. Sie zeigen die Richtung an, die ich mir unter allen Umständen wünsche und worum ich bitte: ein weites Herz!

Weiter glauben

Manchmal durchzuckt mich ein Gedanke, bei dem es mir schwerfällt, ihn zuzulassen. Aber weil ich mich nun mal entschieden habe, mit Ihnen zu teilen, was mich beschäftigt, erzähle ich davon. Ab und zu frage ich mich: Stimmt das eigentlich mit dem Glauben? Was ist, wenn das alles ein gewaltiger Irrtum ist und ich schlicht und ergreifend »aufs falsche Pferd gesetzt habe«? Vielleicht sind Sie entsetzt über diesen Ausdruck, aber er beschreibt am besten, wie ich es empfinde.

Wenn diese Frage auftaucht, gehe ich ganz unterschiedlich damit um:

Ich schiebe sie weg.

Oder ich lasse sie zu und merke, wie sie mich verunsichert.

Oft spreche ich einfach mit Jesus darüber – er weiß es ja sowieso. Manchmal sortiert sich dann etwas in meinem Herzen.

Doch gar nicht so selten trage ich sie mit mir und muss lernen, das auszuhalten, was ich nicht verstehe.

Dann gibt es noch einen Gedanken, der mich in den letzten Monaten umtreibt: Wie sieht ein Glaube aus, der etwas verändert? Der nicht nur frommes Wissen abspult, sondern im Leben sichtbar ist? Warum sind manche Nichtchristen die deutlich angenehmeren Menschen? Was läuft da schief? Keinesfalls möchte ich mich arrogant absetzen und mich selbst von dieser Anfrage ausnehmen. Aber in letzter Zeit frage ich mich, was jahrzehntelanges Hören des Evangeliums verändert – oder eben nicht.

Und um dort nicht stehen zu bleiben, bewegt mich auch die

Frage: Wie reden wir von Jesus generell und auch in unserem Miteinander als Christinnen und Christen? Was bedeutet mir die Beziehung zu Jesus?

- Kennen Sie solche Fragen auch? Welche Gedanken bewegen Sie?
- Wie geht es Ihnen, wenn solche Fragen auftauchen?
- Was tun Sie damit?
- Und wie hat sich Ihr Glaube im Laufe Ihres Lebens verändert?

Zeit für eine kleine Zeitreise.

Wirf dein Vertrauen nicht weg

»Werft euer Vertrauen nicht weg!« Da ist sie, die vergilbte und nicht sonderlich hübsche Karte, die ich schon viele Jahre, mittlerweile Jahrzehnte, aufhebe. Ich erinnere mich noch genau, wie ich sie erhalten habe: Ich war Anfang zwanzig und hatte heftigsten Liebeskummer. Mein Vater hat mich das erste und einzige Mal allein ins Steakhaus eingeladen. Da wir zu dieser Zeit nicht oft essen gegangen sind, war das schon etwas Besonderes. Und dann hat er mir diese Karte geschenkt – ohne Kommentar. Einfach so. Sie hat mich seitdem begleitet und ab und zu fällt mir dieses Wort ein: »Werft euer Vertrauen nicht weg, welches eine große Belohnung hat!« (Hebräer 10,35).

Wie oft habe ich das seitdem gebetet, gehofft – und wie viel nötiger habe ich es heute! Gerade diese Woche habe ich mit einer

Freundin telefoniert, die aktuell in ihrer Familie ziemlich durchgeschüttelt wird. Sie meinte: »Weißt du, diese frommen Sprüche kann ich nicht mehr ertragen. Glaube fällt mir nicht leicht und manchmal frage ich mich: Hält mein Glaube durch? Aber es ist ein ›Trotzdem-Glaube‹ – trotz allem – und den will und werde ich mir nicht nehmen lassen!«

Wie ist das mit dem Glauben? Was hält und trägt, wenn es drauf ankommt? Was muss ich tun, was kann ich nur empfangen? Wie glaube ich heute – und was hat sich in meinem Leben verändert?

Vielleicht kennen Sie ja ähnliche Phasen wie ich?

»Ich gehöre dazu« – *Kinderglaube*

Sonntag für Sonntag hat uns Schwester Magdalene biblische Geschichten erzählt. Jede Woche bin ich mit einem Groschen für die Büchse in den Keller des Gemeindehauses der Freien evangelischen Gemeinde in der Friedrich-Carl-Straße 21 in Cuxhaven gestapft. Ich gehöre zur »Generation Flanellbilder« – das sind bunte Bilder, die man an eine Tafel heftet, um die Geschichten zu illustrieren. Statt Beamer gab es große Liedpappen, die wir als Kinder abwechselnd halten durften. Hier gehörte ich dazu, hier hatte ich viele Tanten und Onkel, bei denen ich erst später gemerkt habe, dass wir so richtig doch nicht verwandt sind. Gott und der Glaube an ihn sind Teil meines Lebens, von Anfang an.

In den letzten Monaten wächst bei mir eine Dankbarkeit für diese Wurzeln. Dabei kenne ich auch Phasen, wo ich mich mit vielem kritisch auseinandergesetzt habe. Und ich glaube, das ist auch gut so.

Dass sich da etwas tut, merke ich daran, dass sich die Lieder verändern, an die ich mich erinnere. Lange Zeit habe ich mich besonders an folgenden Text erinnert: »Pass auf, kleines Auge, was du siehst. Denn der Vater in dem Himmel schaut herab auf dich, drum pass auf, kleines Auge, was du siehst!«[2] Wenn Mama und Papa nicht gemerkt hatten, dass ich Schokostreusel aus der Dose genascht habe, und ich hoffte, dass es niemand je erfahren würde – dann war da doch jemand, der aufpasst. Ja, das ist Teil meines Gottesbildes. Im letzten Jahr ist mir aber ein Lied eingefallen, das auch dazugehörte: »Gott ist die Liebe, lässt mich erlösen. Gott ist die Liebe, er liebt auch mich. Drum sag ich's noch einmal, Gott ist die Liebe, Gott ist die Liebe, er liebt auch mich.«[3] Nun hören sich manche der Strophen des Lieds auch eher altmodisch und moralisierend an – aber dieser Refrain klingt auf einmal in mir nach: »Gott ist die Liebe, er liebt auch mich!«

Eine schöne Entdeckung, die ich nicht bewerten will. Und schon gar nicht will ich irgendwelche voreiligen Schlüsse daraus ziehen – aber wahrnehmen möchte ich es doch sehr aufmerksam. Was hat sich verändert? Vielleicht ist es das, was der schwedische Autor Tomas Sjödin so beschreibt: »Nicht selten findet der glaubende Mensch gegen Ende seines Lebens zu einem vertrauensvollen Kinderglauben zurück, aber nun bekommt der ein anderes Gewicht, das Gewicht eines ganzen Lebens mit all seinen Erfahrungen.«[4]

Nun hoffe ich nicht, dass ich mich schon am Ende meines Lebens befinde! Das könnte melancholisch stimmen. Stattdessen will ich fragen: Was kann es für meinen Glauben bedeuten, zu einem vertrauensvollen Kinderglauben zurückzufinden? Einen solchen Glauben finde ich in folgender Geschichte:

> Einige Leute brachten Kinder zu Jesus. Sie wollten, dass er ihnen die Hände auflegte. Aber die Jünger wiesen sie schroff zurück. Als Jesus das merkte, wurde er zornig und sagte zu ihnen: »Lasst doch die Kinder zu mir kommen, hindert sie nicht dran. Denn für Menschen wie sie ist das Reich Gottes da. Amen, das sage ich euch: Wer sich das Reich Gottes nicht wie ein Kind schenken lässt, der wird nie hineinkommen.« Dann nahm er die Kinder in die Arme, legte ihnen die Hände auf und segnete sie.
>
> *Markus 10,13-16; BB*

Wer sich das Reich Gottes nicht schenken lässt, nicht empfängt, der wird nicht hineinkommen. Deutlicher lässt sich wohl nicht beschreiben, worauf es ankommt. Noch brisanter wird es, wenn man sich die Parallelstelle im Matthäusevangelium anschaut (Matthäus 18,1-5): Die Jünger kommen zu Jesus und fragen: »Wer ist nun der Größte im Himmelreich?« Anders gefragt: Wer ist bei Gott wichtig? Und das ist die Antwort von Jesus: derjenige, der die ungeteilte Bereitschaft hat, zu empfangen, sich beschenken zu lassen. Darauf kommt es an!

Wie anders könnten mein Leben und mein Glaube aussehen, wenn ich das noch einmal neu entdecken würde. Wie viel gelassener wäre ich, wenn diese Grundhaltung mein Lebensgefühl bestimmen würde. Wie oft beschäftige ich mich damit, ob ich auch genügend vorkomme, anstatt mich an »den Tisch des Lebens zu setzen«, den Gott für mich gedeckt hat.

»Ich weiß Bescheid!« – *Glaube als Teenager*

»Da habe ich meiner Reli-Lehrerin gesagt, wie es wirklich ist!«, erzählte die sechzehnjährige Tochter, als ich bei einer Familie zum Abendessen eingeladen war. »Immer wieder muss ich sie korrigieren, das kann ich doch nicht so stehen lassen!« »Darauf hat die Lehrerin bestimmt gewartet«, dachte ich. Zugleich beeindruckte mich der Eifer des Mädchens. Wie kompromisslos! Und ich erinnerte mich an meine eigene Teenie-Zeit: Wir sangen im Einkaufszentrum christliche Lieder, luden zu Veranstaltungen ein und mit etwa 15 Jahren lief ich tapfer von Haus zu Haus und verteilte in Norderstedt Einladungen für eine Evangelisation. Auch an Diskussionen im Biologieunterricht kann ich mich erinnern. Manche meiner Antworten waren jedoch eher O-Ton meiner Eltern oder des Jugendleiters als Ergebnis meiner eigenen Reflexion.

»Ich weiß Bescheid!« Das darf wohl in dieser Lebensphase auch einmal so sein. Andererseits erinnert es mich an manche Diskussionen, die aktuell in unserer frommen Landschaft und auf den unterschiedlichen Social-Media-Kanälen geführt werden. Wobei Diskussionen ein eher freundlicher Begriff für das ist, was sich da abspielt. Und ich werde an das Gespräch beim Abendessen erinnert: »Das kann ich doch so nicht stehen lassen!«

Einen Standpunkt zu vertreten ist gut. Aber haben wir darüber verlernt, aufeinander zu hören und miteinander zu reden? Es ist so wichtig, die Sicht des anderen ernst zu nehmen und nicht nur mit allen Mitteln zu bekämpfen, die uns zur Verfügung stehen. Dabei ist es meistens leichter, Defizite bei anderen wahrzunehmen, als die blinden Flecken im eigenen Leben zu entdecken.

Aber zu einer Reflexion meines Glaubens und der Frage, worauf ich vertraue, gehört für mich auch die Frage: Wie und auf welche Weise rede ich darüber mit anderen? Habe ich gelernt, auch auf die zu hören, deren Meinung ich nicht teile? Wie glaubwürdig sind wir als Christinnen und Christen, wenn wir es nicht einmal schaffen, respektvoll miteinander umzugehen?

Ja, ich möchte sprachfähig bleiben und Menschen von diesem Gott erzählen, dem ich mein Leben anvertraut habe. Aber ich möchte besonders auch hörfähig werden, Gott und den Menschen wirklich zuhören – da gibt es noch ein weites Lernfeld.

»Ich werde gebraucht« – *Glaube der jungen Erwachsenen*

Ein wesentliches Kennzeichen pietistischer und freikirchlicher Frömmigkeit ist wohl, dass wir uns einsetzen. Natürlich, ohne engagierte Frauen und Männer geht es nicht. Sich einzusetzen ist ein hoher Wert, so habe ich es gelernt. Nach einer Ausbildung zur Kinderkrankenschwester und wenigen Berufsjahren wurde ich angefragt: »Kannst du dir eine Aufgabe in der überregionalen Teenagerarbeit vorstellen?« Und ob! Voller Eifer habe ich eine theologische Ausbildung gemacht und anschließend war ich Referentin für Kinder- und Teenagerarbeit.

Rückblickend gibt es zwei Schlüsselsätze, die mich in dieser Zeit entscheidend geprägt haben. Einer heißt: »Ich bin, was ich tue.« Über viele Jahre, wenn nicht sogar Jahrzehnte, bin ich diesen Satz nicht mehr losgeworden. Nun ist es keiner, den ich ständig wiederholt hätte – aber unterschwellig war das mein Motto. So habe ich gelebt. Und im Rückblick hat sich diese Devise durch mein Leben hindurchgezogen. Die Gnade gibt es umsonst. Aber dann sollte es schon richtig losgehen!

Dazu kam eine weitere Aussage: »Ich bin, was andere über mich sagen.« Das heißt, es genügte nicht, etwas zu tun, es musste auch gut sein. Und wenn der Applaus der Menschen mäßig war, war ich scheinbar nicht gut genug. Mit diesen beiden Sätzen: »Ich bin, was ich tue« und »Ich bin, was andere über mich sagen«, habe ich mich in meinem Leben und auch in meinem Glauben langsam, aber sicher müde gelaufen. Vieles von dem, was ich tun konnte, habe ich schon immer gern getan. Aber wenn ich aus meiner Sicht als Referentin zu wenige Anfragen hatte, wenn das Echo der Zuhörerinnen eher nur ein Höflichkeitsapplaus war, dann war ich zutiefst niedergeschlagen. Die Frage »Was kann ich besser machen?« begleitete mich auf Schritt und Tritt.

Irgendwann habe ich gemerkt, dass es so nicht weitergeht. Und ich habe angefangen, mich auf einen neuen Weg zu machen. Das war kein Sprint, dieser Weg ist auch noch nicht abgeschlossen, dafür brauche ich Begleitung – aber es ist ein Weg in eine neue Freiheit hinein.

»Wer trägt hier wen?« – *Glaube in der Lebensmitte*

Glaube heißt: Die Wahrheit trägt mich – nicht ich trage die Wahrheit. Vermutlich ist das die existenzielle Grunderfahrung meines Glaubens, hier und heute. Und ich dachte: Wie schön wäre es doch, wenn ich manches davon schon früher entdeckt hätte! Wie viel Mühe, auch im Glauben, hätte ich mir sparen können. Aber vermutlich können wir manche Wege in unserem Leben nicht abkürzen. Eine Frage, die ich mir oft stelle, heißt: Worauf vertraue ich?

Ich vertraue darauf, dass Gott mich geschaffen hat. Er selbst hat mir mein Leben und meinen Glauben geschenkt: »Ja, du hast mich aus dem Mutterleib gezogen. An der Mutterbrust lehrtest du mich Vertrauen. Auf dich bin ich angewiesen seit meiner Geburt. Vom ersten Atemzug an bist du allein mein Gott!« (Psalm 22,10-11; BB).

Dazu kommt eine zweite Frage: Was wird meinem Leben zugetraut? Der Geigenbauer Martin Schleske drückte es einmal so aus: »Was ist das, was durch mein Leben zum Klingen kommt?« Nicht: Was muss ich erreichen, schaffen, damit es genügt. Sondern: Was ist das, was durch mein Leben zum Klingen kommt? Worauf vertraue ich – und was wird meinem Leben zugetraut?

Dieses Vertrauen ist kein fester Besitz, wie könnte Vertrauen so etwas sein. Manchmal ist es schnell verbraucht, wackelt, wird getestet. Aber daran festhalten – besser noch: dieses Vertrauen immer wieder empfangen –, Gott selbst mein Herz hinhalten, das möchte ich – und wie! Vermutlich genügt es völlig, genau das mit anderen zu teilen.

»Den inneren Anker neu auswerfen!« – *Glaube im Übergang*

In den 1990er-Jahren entstand in den Gemeinden eine neue Bewegung: Man versuchte, Menschen vor dem Ruhestand für Seniorenarbeit zu gewinnen. Und auf einmal gab es überall 55-plus-Kreise. Viele dachten, dass das eine gute Idee sei. Tja, und jetzt habe ich selbst dieses zarte Alter erreicht und käme nicht im Traum auf die Idee, so ein Angebot zu besuchen. »Das ist für die anderen«, denke ich. Aber mal ehrlich, wer sind »die anderen«? Und welche Herausforderungen – aber auch großartige Chancen – liegen in dieser Lebensphase? Vieles haben wir erlebt. Manches davon hätte ich nicht für möglich gehalten. Aber auch manche Ernüchterung gehört dazu und die Frage: Was verändert der Glaube im Leben eines Menschen wirklich?

Wenn wir uns umschauen, in unseren Kirchen und Gemeinden, würde ich antworten: Ich weiß es nicht. Es ist sicher auch unterschiedlich. Eine junge Frau sagte mir einmal: »Wenn ich manche älteren Leute so erlebe, frage ich mich schon, was sie jeden Sonntag im Gottesdienst hören. Wo spürt man davon etwas in ihrem Alltag?«

Ihre Frage geht ans Eingemachte, aber ich möchte sie mir gefallen lassen. Und mich noch mal fragen:

- Was hat der Glaube bis heute bei mir verändert?
- Wo steht diese Veränderung noch aus?
- Wie wäre es, den »inneren Anker« neu auszuwerfen?

Zuhören. Fragen stellen und mich infrage stellen lassen. Und dann feststellen: Es bedroht mich nicht, sondern ist der Weg in eine neue Freiheit.

Aber da ist eben auch Ernüchterung und Enttäuschung.

»Mit denen bin ich fertig!«, »Da gehe ich nicht mehr hin!« Nach der Lebensmitte kommt eine Phase, in der sich manche Menschen zuerst innerlich, dann auch äußerlich vom Glauben verabschieden. Wie ist das möglich, nach einer so langen Zeit, in der der Glaube Teil des Lebens war? Der Theologe Reinhard Deichgräber findet dafür ein passendes Bild: Irgendwann fangen die Schuhe des Glaubens an zu drücken. Sie passen nicht mehr. Dann werden diese Schuhe zur Seite gelegt. Und es fühlt sich frei an. Oder man spielt das Spiel noch mit, aber innerlich hat man sich längst verabschiedet.

Oft treffe ich auf Menschen, die das so erleben und sich fragen:

- Was ist aus den guten Vorsätzen geworden, mit denen ich gestartet bin?
- Wo ist das Feuer geblieben?
- Wieso fühle ich mich so gelähmt?

Wie kann es aussehen, gerade jetzt den »inneren Anker neu auszuwerfen«? Welche Chance liegt darin, meinen Glauben noch einmal neu zu entdecken! Weniger vollmundig. In manchem ernüchtert. Gereift – auch durch manche Schmerzen hindurch. Aber vor allem: im Wissen, gehalten zu sein. Und verbunden mit Menschen, mit denen wir unterwegs sein dürfen.

»Stillhalten und empfangen!« – *Glaube auf der letzten Wegstrecke*

Eine Freundin erzählte mir von einer älteren Frau, die sie auf ihrem letzten Lebensabschnitt begleitet hat. In den letzten Lebenswochen rief sie immer wieder verzweifelt: »Es reicht noch nicht!« Es reicht noch nicht, um in Frieden heimzugehen! Da ist noch etwas nötig. Aber was?

Diese Seniorin war in Kirche und landeskirchlicher Gemeinschaft beheimatet, eine durch und durch gläubige Frau. Und am Ende des Lebens dieser verzweifelte Ausruf: »Es reicht noch nicht!«

Von außen betrachtet würden wir sagen: Wie kommst du darauf? Dein ganzes langes Leben, bis weit über neunzig Jahre, hast du mit Gott gelebt und für die Menschen gesorgt. Was denn noch?

Vermutlich kennen andere ebenfalls solche Gedanken. Wie kann es gelingen, zur Ruhe und zum inneren Frieden zu kommen? Am Ende des Lebens sich zur Ruhe zu betten im Schoß Gottes?

Das Schlüsselwort ist: empfangen! Am Beginn und am Ende unseres Lebens empfangen wir es aus der Hand Gottes. So einfach. Aber auch so schwer: stillhalten und empfangen! Vom ersten bis zum letzten Atemzug geborgen bei dem Gott, der von Ewigkeit zu Ewigkeit derselbe ist: »Herr, du bist unsere Zuflucht für und für. Ehe denn die Berge wurden und die Erde und die Welt geschaffen wurden, bist du, Gott, von Ewigkeit zu Ewigkeit« (Psalm 90,1). Der Beter des Psalms verbindet seinen Blick auf die Vergänglichkeit des Menschen mit dem Glauben an seinen Schöpfer. Du, Gott, bist von Ewigkeit zu Ewigkeit. Der ewig Seiende. Und als dieser bist du unsere Zuflucht.

Der Theologe Fulbert Steffensky beschreibt es so:

> Am Ende steht der Name Gottes, am Ende unserer Arbeit und am Ende unseres Lebens. Wir wissen nicht genau, was wir sagen, wenn wir ihn nennen. Alt werden heißt erkennen, dass wir nicht genug sind … Der Name Gottes ist unsere große Erleichterung: Wir müssen nicht genug sein. Die Last der Welt liegt nicht auf unseren Schultern. Wir können in Heiterkeit Fragment sein. Das gibt unserem Leben Spiel, dass wir selber nicht alles sein müssen. Der Gedanke, dass wir an Gott genesen und dass niemand an unserem Wesen

genesen muss, macht uns erträglich für uns selber und macht uns erträglich für die anderen. Wir können die Arbeit aus den Händen legen, nachdem wir unseren Teil getan haben, gut oder schlecht – wir müssen darüber nicht urteilen. Vielleicht ist das die letzte große Kunst, die wir zu lernen haben, dass wir das Urteil über uns selbst nicht fällen.[5]

Diesen Gott und Vater von Jesus Christus möchte ich jetzt noch einmal neu kennenlernen. Ist das möglich? Eine alte Dame sagte mir einmal vor vielen Jahren: »Die Bibel ist so etwas Besonderes. Ständig entdecke ich etwas Neues!«, und dabei strahlte sie von einem Ohr zum anderen. Ich dachte: »Nach so vielen Jahrzehnten?«, und konnte es kaum glauben. Dennoch hat sie mich mit ihrer »Liebeserklärung an die Bibel« berührt.

Und heute ahne ich zumindest etwas davon – wie im folgenden Kapitel deutlich wird.

Wer bist du, Gott?

Wie kommen wir Gott näher? Wie lerne ich ihn kennen als den Gott und Vater von Jesus Christus, der vor allem eines ist: barmherzig? Wie bringe ich aber auch meine Fragen in dieser Beziehung zu ihm unter?

Seit einigen Monaten bewegt mich dazu eine Geschichte aus dem Alten Testament. Zunächst beschäftigte ich mich mit dieser Geschichte »für andere«, nämlich im Rahmen einer Bibelarbeit für ein Frauenwochenende. Aber dann lässt sie mich nicht mehr los. Es geht um Jakobs Kampf am Jabbok.

Über zwanzig Jahre hat Jakob bei seinem Onkel Laban in Haran gelebt. Inzwischen ist er ein wohlhabender Mann. Seine Kinder wachsen heran und die Zahl seiner Tiere wird von Jahr zu Jahr größer. Aber mit jedem Jahr wächst auch sein Heimweh. Er hat nichts mehr von seinen Eltern gehört. Ob ihm sein Bruder Esau immer noch grollt? Jakob möchte zurückkehren in seine Heimat, aber sein Onkel Laban hält ihn fest. Eines Nachts im Traum spricht Gott zu ihm: »Kehre zurück in das Land deiner Vorfahren und zu deiner Verwandtschaft! Ich werde mit dir sein« (Genesis 31,3; BB). Da sammelt Jakob heimlich seine Frauen und Kinder um sich, seine Knechte und Mägde und alle Tiere, die er erworben hat, und macht sich auf den Weg. Viele Wochen ist er unterwegs. So zieht er seinem Bruder Esau entgegen. Sie rasten an einem Fluss namens Jabbok. Und dann heißt es:

> In derselben Nacht stand Jakob auf. Er weckte seine beiden Frauen, die beiden Mägde und seine elf Söhne. Denn er wollte den Jabbok an einer flachen Stelle überqueren. Zuerst ließ er die Frauen und Kinder den Fluss überqueren. Dann brachte er sein Hab und Gut hinüber. Er selbst blieb allein zurück. Plötzlich war da jemand, der bis zum Morgengrauen mit ihm kämpfte. Aber er sah, dass er Jakob nicht besiegen konnte. Da packte er Jakob am Hüftgelenk, sodass es beim Ringen ausgerenkt wurde. Dabei sagte er: »Lass mich los! Denn der Tag bricht an.«
> Jakob entgegnete: »Ich lasse dich erst los, wenn du mich gesegnet hast.«
> Der andere fragte Jakob: »Wie heißt du?«
> Er antwortete: »Jakob.«

Da sagte der andere: »Von nun an sollst du nicht mehr Jakob heißen, sondern Israel, ›Gotteskämpfer‹. Denn du hast mit Gott und mit Menschen gekämpft und bist Sieger geblieben.«
Jakob bat: »Sag mir doch deinen Namen!«
Er erwiderte: »Wozu fragst du noch nach meinem Namen?«
Und er segnete ihn dort.
Jakob nannte den Ort Penuel, das heißt: Angesicht Gottes.
Denn er sagte: »Ich habe Gott von Angesicht zu Angesicht gesehen und bin am Leben geblieben.« Als Jakob Penuel verließ, ging gerade die Sonne auf.

Genesis 32,23-31; BB

Wer ist der Gott Jakobs? Wer überfällt und wer segnet? Wer ist der Fremde? In der Kunst wird er meistens als Engel dargestellt. Für mich ist diese Frage nicht entscheidend, sondern eher ein anderer Gedanke: Jakob ringt mit Gott! Und das darf so sein.

Schon auf den ersten Seiten der Bibel bin ich eingeladen, mit Gott zu ringen. Jakob liebt Gott und ringt mit ihm! Kriege ich das zusammen? Ja, denn er ringt nicht einfach so. Jakob ringt mit Gott, damit Gott Gott ist! Und während er mit Gott ringt, ist er vor allem eines: von ihm gehalten.

Der Maler und Priester Sieger Köder hat diese Szene auf eine eindrückliche Art und Weise gemalt. Jakob ringt mit Gott, ist aber in diesem Ringen von ihm umfangen und gehalten. Wie in einem Schutzmantel, den Gott ihm bietet: »Du darfst das. Lass raus, was dich bewegt. Ich halte das aus.« Diese Einladung hilft mir, auch all das Schwierige und Ungelöste in meinem Herzen und in dieser Welt aus der Beziehung zu Gott nicht auszuklammern. Gott ist nicht einfach der »liebe Gott«. Es gibt Momente, da verstehe ich ihn nicht. Diese Fragen und Zweifel muss ich nicht beiseiteschieben – Gott tut das auch nicht. Das lerne ich von Jakob. Das lerne ich von Hiob, und das lerne ich von Jesus selbst, wenn er am Kreuz ausruft: »Mein Gott, mein Gott, warum hast du mich verlassen!«

Diese Zweifel und Fragen verändern meinen Glauben. Er ist nicht einfacher geworden mit den Jahren, und ich musste lernen: Beten und Ringen gehören zusammen! Aber immer wieder bete ich mit diesen Worten von Jakob: »Ich lasse dich nicht los, bevor du mich gesegnet hast.«

Diese Geschichte ist eine »Übergangs-Geschichte«: Jakob steht an einem Fluss. Auf der anderen Seite geht es anders weiter. Kann es sein, dass diese Geschichte mir deshalb gerade jetzt noch einmal wichtig geworden ist? Wieder stehe ich an der Schwelle zu einer neuen Lebensphase. Wieder fordert sie mich heraus – schüttelt mich manchmal auch durch. Wieder möchte ich manches festhalten, und Fremdes beunruhigt mich und flößt mir Angst ein. Wer bin ich jetzt? Wer möchte ich sein? Und was hilft mir, mich auf den Weg zu machen?

Seit dieser Begegnung mit der Jabbok-Geschichte sind einige Monate vergangen. Ich bin bei einer Online-Konferenz von Bibliolog-Trainerinnen und -Trainern. Am Abend bekommen wir eine kleine Aufgabe: »Nimm eine Person aus einer beliebigen Bibelstelle und schreibe ein Selbstgespräch aus dieser Rolle heraus auf.« Auf einmal ist sie wieder da, diese Geschichte. Folgende Gedanken habe ich dazu in mein Tagebuch geschrieben:

Ich bin Jakob. Was erwartet mich? Wie geht es weiter? Ist Versöhnung möglich nach allem, was passiert ist? Habe ich gut genug für alle gesorgt? Jetzt muss ich noch einmal allei-

ne sein. Wer bist du, Gott? Wer bist du jetzt? Habe ich dem Richtigen vertraut? Und wie kann ich weitergehen? Ich bitte dich so sehr, lass mich nicht los.

In einer kleinen Runde zu dritt tauschen wir uns anschließend darüber aus und sind erstaunt und berührt, wie wenig zufällig unsere Wahl ist. Wie jede und jeder in einer Situation getroffen ist, die persönlich ist. Und dazu genügte diese kleine und schlichte Frage: »Wenn du gerade in diesem Moment in die Bibel schaust, welche Person und Situation ist dir nah? Wo findest du dich wieder?«

Peter Pitzele, der die Methode Bibliolog entwickelt hat, erklärt uns anschließend: »Die Bibel ist beides, sie ist Fenster und Spiegel. Fenster in das Wort Gottes hinein und Spiegel für mich persönlich.«

Was mich berührt, ist das Vertrauen in das Wort Gottes, das er in diesen schlichten Worten ausdrückt. So ist das, darauf kann ich vertrauen. Die Bibel spricht nicht erst dann, wenn sie wortreich erklärt wird. Peter sagt: »Meine Geschichte ist in der Bibel – und die Bibel ist meine Geschichte!« Was für ein Vertrauen dem Wort Gottes gegenüber!

Das trifft bei mir einen empfindlichen Punkt: dem zu vertrauen. Diese Einladung höre ich an diesem Abend noch einmal neu – und sie berührt mich auf eine Weise, die ich gar nicht so richtig beschreiben kann. Am Ende sind wir eingeladen, ein Gebet zu dieser Situation zu schreiben. Und ich notiere in mein Tagebuch:

Gott, du bist da! Jetzt – in diesem Moment. In meinem Ringen bin ich nicht alleine. Ich halte mich fest – und ich bin gehalten von dir. Die Situation ist nicht gelöst, aber die Sonne geht auf, und am Horizont zeigt sich die Morgenröte!

Die Bibel ist Fenster und Spiegel. Für mich. Aber auch für andere. Diese besondere Erfahrung nehme ich mit. Wer weiß, was daraus noch entsteht.

»Ruhe-Stand« oder wie Abraham noch einmal aufbrechen?

»Jetzt muss ich noch xy Tage arbeiten bis zum Ruhestand!« Ich weiß noch, wie verblüfft ich war, als ein Kollege – damals Anfang 40 – das sagte. Auf den Tag genau hatte er es ausgerechnet. »Was, das beschäftigt dich?«, fragte ich ihn. Gerade war ich dabei, nach der »Kinder-Pause« wieder in den Beruf einzusteigen. »Kinder-Pause« – so hat man es damals tatsächlich genannt, wenn Frauen sich schwerpunktmäßig um Familie und Kinder gekümmert haben, auch wenn ich nicht weiß, was das mit »Pause« zu tun hat.

Und jetzt dauert es nicht mehr lange, bis ich aus der Erwerbsarbeit aussteige. Aber »Ruhe-Stand«? Was für ein komisches Wort. »Ruhe«? Sicher, ich brauche mehr Pausen. Aber »Stand«? Da klingt einem ja aus jedem Knopfloch die Stagnation entgegen, die mich überhaupt nicht lockt. Wobei »Unruhe-Stand« auch nicht besser ist. Dabei habe ich das Bild von Menschen vor Augen, die wie aufgescheucht durch die Gegend laufen, um allen zu zeigen: »Ich bin auch noch da!«

Neulich las ich von einem Angebot einer Schweizer Freikirche: »Aussicht auf mehr – Pension mit Vision«. Nun ist das Wort »Pension« für Rente bei uns nicht mehr so geläufig – aber »Pension mit Vision«, das lockt mich. Wie kann die aussehen? Welche Schritte sind dazu nötig?

Um mich mit diesem Thema zu beschäftigen, befasse ich mich im Sommer mit einem Buch der Theologin und Pionierin Daniela »Jele« Mailänder: »Wenn Gott zum Aufbruch ruft«[6]. Vermutlich bin ich nicht ihre erste Zielgruppe, trotzdem möchte ich mir diese Frage stellen: Kann statt »Ruhe-Stand« nicht jetzt, am Übergang aus der Erwerbsarbeit in die »Na-was-auch-immer-Phase«, Neues auf mich warten? Was kann jetzt werden? Wofür schlägt mein Herz? Aber auch: Wofür reichen die Kräfte? Ich merke, das ist wirklich mein Thema. Damit möchte ich mich beschäftigen.

Gleichzeitig suche ich das Gespräch mit den Verantwortlichen unseres Verbandes (Die Apis. Evangelischer Gemeinschaftsverband Württemberg e. V.), um zu schauen, ob es nicht sinnvoll sein könnte, mein Stellenprofil zu verändern. Bisher war ich vor allem für die Arbeit mit und für Frauen zuständig. Aber kann ich tatsächlich noch Frauen zwischen 30 und 50 sagen, welche Formate sie in der Gemeindearbeit anbieten sollen? Dieser Bereich ist mir in letzter Zeit eher schwergefallen. Stattdessen möchte ich mich gemeinsam mit anderen auf den Weg machen, um zu überlegen: Was passt für unsere Altersgruppe? Was suchen Menschen ab Ende fünfzig in Kirche, Gemeinde und Gemeinschaft? Andererseits: Was suchen sie so gar nicht, obwohl sie doch spüren, dass die Sinnfrage in ihrem Leben deutlich anklopft?

Was lohnt sich? Wofür lebe ich?

Seit Mitte 2021 gibt die Wochenzeitung »Die Zeit« einmal die Woche einen »Sinn-Newsletter« heraus, in dem sie die verschiedensten Fragen behandelt. Das passiert vermutlich nicht zufällig. Nun sind es eher selten religiöse Themen, aber auch die kommen vor. In jedem Fall ist es ein Signal, dass die Sinnfrage in unserer Gesellschaft wieder eine größere Rolle spielt, sicher auch besonders in der Lebensphase rund um den Übergang in den »Ruhe-Stand«. Wie gehen wir also damit um?

Ich gehöre zu den »geburtenstarken Jahrgängen« 1963/1964. Nie wurden in Deutschland mehr Kinder geboren als in diesen beiden Jahren. Wir waren immer viele: in der Grundschule, der Ausbildung, beim Berufseinstieg – ja, und in den Gemeinden. Jugendkreise mit dreißig bis fünfzig Personen waren auch in kleineren Orten keine Seltenheit. Aber was tun diese Menschen heute? Was bewegt sie? Wo haben sie sich längst verabschiedet, wären für den Glauben aber ansprechbar – vorausgesetzt, die »Verpackung stimmt«? Und wie sehen frische Formen von Kirche für diese, für meine Generation aus? Nie und nimmer würde eine oder einer von uns in einen traditionellen Seniorenkreis gehen, auch wenn er »55 plus« heißt – es sei denn, wir hätten uns verlaufen.

Ein weiterer Aspekt kommt dazu: Diese nachberufliche Lebensphase wird immer länger, weil wir immer älter werden. Was bedeutet das für unsere Lebensentwürfe? Und was heißt das für die kirchliche Landschaft? Diese Fragen stelle ich mir, und zwar nicht allgemein, sondern sehr konkret: Welchen Beitrag möchte ich leisten, damit meine Generation wieder eine Heimat findet in unseren Gemeinden?

Beim Lesen dachte ich gerade: »Na, das klingt ja fast ein wenig großspurig – oder zumindest so, als ob ich dazu nur ein fertiges Konzept aus der Tasche zücken müsste.« Das ist nicht der Fall. Aber ich glaube und spüre etwas davon: Aus meiner Sicht ist es dran, diese Fragen zu stellen und es auch auszuhalten, wenn wir nicht schnell eine Antwort finden. Mir fällt das nicht leicht, komme ich doch aus einer »Macher-Generation« und zusätzlich aus einer »Macher-Familie«. Wir waren oft und in unterschiedlichen

Bereichen aktiv und haben etwas angepackt. Das war auch gut so – zumindest nicht nur schlecht. Vieles wäre schließlich nicht passiert. Aber es fällt mir echt schwer, Fragen zuzulassen und auszuhalten, wenn sich noch nicht gleich eine Lösung am Horizont zeigt – oder wenigstens andeutet. Gleichzeitig glaube ich: Anders ist es nicht möglich. Das ist der Weg. Und auf diesem Weg und Überlegen hat mich Jele Mailänders Buch in den letzten Wochen begleitet.

Wir sind ja nicht die Ersten, die Gott zum Aufbruch ermutigt. Abraham war 75 Jahre alt, als Gott ihn rief und zu ihm sagte:

> Geh aus deinem Vaterland und von deiner Verwandtschaft und aus deines Vaters Hause in ein Land, das ich dir zeigen will. Und ich will dich zum großen Volk machen und will dich segnen und dir einen großen Namen machen, und du sollst ein Segen sein. Ich will segnen, die dich segnen, und verfluchen, die dich verfluchen; und in dir sollen gesegnet werden alle Geschlechter auf Erden.
>
> *Genesis 12,1-3*

Gottes Ruf trifft Abraham zu einem Zeitpunkt, an dem er bestimmt nicht mehr damit gerechnet hat. Wie ist das bei mir? Sehnsucht nach Ausruhen oder noch einmal neu aufbrechen – beides ringt oft in meinem Herzen um die Oberhand. Aber geht wirklich nur »Entweder-oder«? Wie sieht eine Lebensberufung im »dritten Drittel des Lebens« aus, also im Alter ab Ende fünfzig? Was sagt Gott zu Abraham und was höre ich für mich? Auch hier helfen mir die Impulse aus Jele Mailänders Buch, weil sie sich dem Thema so geerdet nähert.

Als Kolleginnen und Kollegen stellen wir uns derzeit die Frage: »Wie hören wir Gott in unserem Leben, unserem Alltag – aber auch in unserem Dienst?« Was macht diese Frage mit uns? Da knüpft Jele Mailänder mit ihrem Buch nahtlos an meine Überlegungen an:

> Ich bin überzeugt davon, dass viele Berufungen und Pionierideen daran scheitern, dass wir nicht genügend hören! Sorgfältiges Hören und Wahrnehmen sind die entscheidenden (ja wirklich: die entscheidenden!) Prozesse, die dazu führen können, unsere Berufung mit der Not der Welt zusammenzubringen und etwas zu starten, das erstens uns entspricht und zweitens von der Welt wirklich benötigt wird. Der frühere Erzbischof von Canterbury Rowan Williams prägte den Satz: »Mission ist, herauszufinden, was Gott bereits tut, und sich daran zu beteiligen.«[7]

Neben dem Hören versuche ich seitdem sehr regelmäßig, auch vor Gott zu schweigen. Ich nehme mir morgens Zeit zum Lesen, Beten – und zum Schweigen vor Gott. Das liegt eigentlich nicht so in meiner Art, aber ich merke, wie gut es mir tut. Dadurch wird nicht einfach alles klar, aber es sortiert sich etwas in meinem Herzen.

Seitdem ich mit dieser Frage unterwegs bin, bin ich aufmerksamer, wenn ich etwas dazu lese, in Gesprächen, in Podcasts. Besonders unter die Haut gegangen ist mir im Sommer 2021 der Tod des erst 23-jährigen YouTubers Philipp Mickenbecker und sein beeindruckendes Zeugnis von Jesus. Ich dachte: »Wenn dieser junge Mann viel zu früh gehen muss, dann muss es einen Grund geben, warum es mich noch gibt!« Also »Hintern hoch« und Ausschau halten. Das klingt für Sie vielleicht etwas derb – oder sogar platt. Aber so war es.

Neben vielen Kindern und Jugendlichen hat Mickenbecker auch mich »ältere Dame« so berührt, dass das aus meiner Sicht nicht ohne Antwort bleiben darf. Da könnte ich mir selbst nicht mehr in die Augen schauen. Wenn wir etwas nicht nur wissen, sondern uns berühren lassen – dann bewegt sich etwas. Und wir brauchen vermutlich an dieser Stelle alle ab und zu eine Erinnerung, wie es die folgende Geschichte über einen der bedeutendsten Väter des rabbinischen Judentums verdeutlicht:

Eines Tages war Rabbi Akiva ben Yosef so sehr in seine Meditation vertieft, dass er an einer Wegkreuzung falsch abbog und plötzlich vor dem Tor einer römischen Befestigungsanlage stand. Dort wurde er von einem römischen Soldaten angehalten, der ihn fragte: »Wer bist du und warum bist du hier?« Akiva ben Yosef antwortete mit einer Gegenfrage: »Wie viel Geld verdienst du dafür, dass du hier als Wachposten stehst und den Menschen diese Frage stellst?« Der Soldat erwiderte verwundert: »Fünf Drachmen pro Woche.« Daraufhin bot der Rabbiner dem Soldaten an: »Ich werde dir das Doppelte bezahlen, wenn du in Zukunft vor meinem Haus stehst und mir diese beiden Fragen täglich stellst!«[8]

»Wer bist du und warum bist du hier?«

Diese Frage will ich zulassen und ich bete darum, dass sie mich auf einen Weg lockt. Ich weiß nicht, wie dieser Weg aussieht, aber suchen will ich ihn. Vielleicht beginnt er damit, dass ich mir weitere, sehr konkrete Fragen stelle. Zum Beispiel diese von Jele Mailänder[9]:

- Wer sind die Menschen, mit denen ich im Leben unterwegs bin?

- Mit welchen Menschen möchte ich mich verbinden?
- Welche Biografien haben sie?
- Welchen Herausforderungen sehen sie sich gegenübergestellt?
- Welche Berufe haben/hatten sie, welche Bildung und finanziellen Möglichkeiten, welchen kirchlichen Hintergrund?
- Wie ist der Ort, an dem ich starten möchte?
- Digital oder analog?
- Welche Kommunikationsformen gibt es hier?
- Wie wird miteinander gesprochen?
- Welche Themen bewegen die Menschen?
- Was beeinflusst das Leben an diesem Ort?
- Welche Bedürfnisse gibt es?
- Auf welche Ressourcen kann ich zurückgreifen?
- Gibt es ein Problem, das die Menschen hier haben?
- Wie lösen sie es bis jetzt?

Nun klärt sich durch diese richtig guten Fragen nicht gleich alles. Aber es beginnt eine »Such-Bewegung« und es entwickelt sich die Haltung: Es ist gut, Fragen zu stellen und sie auszuhalten.

Ich selbst halte sehr konkret Ausschau nach Menschen, die auf einem ähnlichen Weg unterwegs sind. Als ich einer Freundin davon erzählte und meinte, dass ich doch sehr gerne »proaktiv« etwas versuchen möchte, antwortete sie: »Na, proaktiv, scheint ja dein neues Lieblingswort zu sein, das hast du in den letzten fünf Minuten mindestens dreimal genannt.« Dafür braucht man Freundinnen und Freunde – damit sie einem den Spiegel vorhalten.

Ein wichtiger Impuls war für mich Ende Oktober 2022 ein Impulstag der Arbeitsgemeinschaft »Perspektive 3D« unter dem

Dach der Schweizer Evangelischen Allianz[10]. Ihr Ziel ist, das dritte Drittel des Lebens glaubensstark zu gestalten. Dieser Tag hat mich inspiriert und motiviert. Da standen nicht Menschen auf der Bühne, die anderen sagen, was sie tun sollen, sondern dort haben wir gemeinsam viele gute Fragen gestellt. Es wurde versucht, das Älterwerden neu zu denken, Menschen miteinander zu vernetzen und Potenziale zu wecken. Wie schön wäre es, wenn daraus eine Bewegung entstehen würde und Menschen im dritten Drittel zu Hoffnungsträgern in Kirche und Gesellschaft werden.

Ich habe mich gefragt: Was kann diese Zielgruppe, was kann ich tun? Was ist es, was mich so nachhaltig an den Begegnungen begeistert hat?

Da war einmal dieses offene und experimentierfreudige Setting: Kurzinputs, Open Space und unterschiedliche Fragen, Talks auf der Bühne. Aber alles in dieser suchenden und lernenden Haltung: Jede und jeder kann auf ihre oder seine Art einen wichtigen Beitrag leisten.

Ein weiterer Schritt ist, dass sich meine Lektüre verändert hat. Bücher, um die ich vor einiger Zeit noch einen Bogen gemacht habe, lese ich jetzt sehr gerne. Und ich bin viel aufmerksamer, wenn das Thema in Artikeln und Beiträgen besprochen wird. Wer hätte das gedacht, dass sich noch einmal eine Perspektive entwickelt, mit der ich gar nicht gerechnet habe. Auslöser für diesen Weg war eine persönliche, schmerzliche Erfahrung. Im letzten Jahr ist mein Schwiegervater gestorben. Er durfte heimgehen zu seinem Vater im Himmel. Doch die letzten Jahre waren für alle und besonders für meine Schwiegermutter eine echte Herausforderung, in der sie mehr als einmal über ihre Grenze gegangen ist. Seine zunehmende Demenz hat langsam den

Menschen »entschwinden lassen«, der er war. Manchmal blitzte noch etwas von seinem Humor auf, aber wir mussten zusehen, wie ihn seine körperlichen und geistigen Kräfte immer mehr verließen.

Auf einmal schwebte das Damoklesschwert der Demenz irgendwie auch über unseren Köpfen: Was ist, wenn es meinen Mann einmal trifft? Kommen wir damit zurecht? So wie wir es in unserem Umfeld erlebt haben, wo Menschen sich sehr schwer damit getan haben, fremde Hilfe in Anspruch zu nehmen, passt es für uns nicht. Aber ist es überhaupt möglich?

Obwohl wir beide uns jetzt mit den Fragen rund um das Älterwerden beschäftigen, werden wir diese Frage vorab nicht beantworten können. Wir haben niemals eine Garantie – das gilt ja für jede Lebensphase. Aber wir können die Zeit, die uns geschenkt ist, gestalten – und nicht einfach nur abwarten. Vor vielen Menschen unserer Generation liegen bis dahin richtig gute Jahre.

Meine persönliche Betroffenheit hat mich also auf diesen Weg gelockt: Alter noch einmal neu zu denken. Vorsorge zu treffen, wo es möglich ist, und anstehenden Fragen nicht auszuweichen. Aber auch innerlich »mein Haus zu bestellen«. Darum geht es im nächsten Kapitel.

Unerschöpflich ist deine Güte, Gott! Ein Psalm wie ein Lebensrückblick

Im Februar 2023 haben meine Eltern ihre diamantene Hochzeit gefeiert. Sechzig Jahre sind sie miteinander unterwegs. Sie haben Schönes und Schweres, Freude und Leid geteilt. Aber auch ganz viel Alltag und Normalität. Was sagt man einem Paar zur Diamanthochzeit – noch dazu den eigenen Eltern?

Die beiden haben meinen Bruder und mich gebeten, den Gottesdienst am Sonntag in ihrer Gemeinde zu gestalten. Mein Bruder machte Musik und ich sollte predigen. Das hat mich ganz schön herausgefordert. Im Vorfeld dachte ich manchmal: »Das schaffe ich nicht!« Schließlich begegnen sich hier auch unsere Lebensgeschichten noch einmal auf engstem Raum. Aber auf einmal war da ein Gedanke, der mir geholfen hat, mich dieser Aufgabe zu stellen: »Was ist, wenn es gut wird?«

Was ist, wenn dieser Moment dazu beiträgt, mir selbst und anderen zu zeigen: Es ist etwas heil und gut geworden. Ja, es gab Verletzungen, auch in meinem Leben. Natürlich. Aber es ist etwas heil und gut geworden – und hier darf sich das jetzt zeigen.

Wir Menschen bleiben aneinander etwas schuldig. Immer. Aber wir leben davon, dass da ein Gott ist, der mit uns barmherzig ist. Das möchte ich für euch glauben, aber auch für mich.

So predigte ich zu Psalm 103 unter dem Titel: »Unerschöpflich ist deine Güte, Gott! – Ein Psalm wie ein Lebensrückblick«.

Meine Seele

> Lobe den Herrn, meine Seele, und was in mir ist, seinen heiligen Namen! Lobe den Herrn, meine Seele, und vergiss nicht, was er dir Gutes getan hat.
>
> *Psalm 103,1-2*

Wie kommt jemand dazu, so zu beten? Und wer ist das eigentlich, »meine Seele«?

Die Seele ist das, was einen Menschen lebendig macht. Sie kann müde sein oder traurig, es schwer haben oder die ganze Welt umarmen. Der Beter von Psalm 103 ist darin geübt, mit seiner Seele zu reden: »Erzähl mal, was ist los? Was beschäftigt dich?« Auf die eine oder andere Weise tut das ja jeder Mensch. Wir kennen Stimmen, die sich melden. Hoffentlich gibt es eine, die bestätigt und sagt: *Schön, dass es dich gibt!* Oder die warnende, die sich zu Wort meldet: *Pass auf!* Ideen und Träume kann sie schnell madig machen. Andererseits schützt sie vielleicht auch: *Probiere es aus – aber sei vorsichtig!* Und auch sie gehört dazu: die fiese Stimme, die Menschen klein macht.

- Welche Stimme ist besonders laut?
- Auf welche höre ich zuerst?

Manchmal passiert es mir: Gerade war es noch so gut – und auf einmal »überfallen mich Stimmen«, mit denen ich nicht gerechnet habe. Ich möchte lernen, ihnen zuzuhören, aber mich nicht von ihnen gefangen nehmen zu lassen. Die Beterin, der Beter von Psalm 103 lässt die verschiedenen Stimmen zu Wort kommen. Er hört zu, aber spricht auch mit seiner Seele und sagt: *Manches ist schwierig, macht Angst oder belastet. Aber das ist nicht alles. Deshalb vergiss doch nicht, wie gut Gott zu dir ist.*

Für mich ist es ein »Alltagssatz«. Eine Erinnerung, die mir hilft, zu sortieren: Ja, das gibt es, das fällt mir schwer, fordert mich heraus. Aber, meine Seele – da gibt es noch anderes.

Und es ist ein »Lebenssatz«, einer für die wichtigen Fragen: Wer vergibt, heilt und ist barmherzig – immer? Psalm 103 (Verse 3 und 4) sagt: Ja! Da gibt es einen. Unser Gott ist so. Und so ist er auch zu dir und mir.

Erinnere dich, da gibt es einen,

- der deine Schuld vergibt,
- der deine Gebrechen heilt,
- der dich krönt mit Gnade und Barmherzigkeit.

In jedem Leben gibt es Verletzungen, aber es gibt auch die Erfahrung, dass sie heilen dürfen. Es gibt nicht nur die beschämende Erfahrung, zu versagen, sondern auch die große Entlastung, wieder neu anzufangen. Das empfinde ich als eines der großen Geschenke unseres Glaubens, jemanden zu haben, der heraushilft – hilft, wieder neu anzufangen.

Wieso tut er das? Weil er ein barmherziger Gott ist. Unerschöpflich ist seine Güte: »Barmherzig und gnädig ist der Herr, geduldig und von großer Güte« (Vers 8). Davon erzählt die Bibel: von Josef und seinen Brüdern. Von Mose und dem Volk Israel.

In diesem Satz stecken Geschichten – Lebensgeschichten. Es ist kein Lehrsatz, keine Behauptung, sondern eine Erfahrung. Und wir erzählen diese Geschichte weiter – bis heute.

- Wie wäre es, wenn wir uns regelmäßiger an diese Geschichten der Barmherzigkeit Gottes erinnern und sie erzählen?
- Wie war das? Wo war er barmherzig, gnädig und geduldig?

Psalm 103 ist aber auch eine Anleitung, zu widersprechen. »Pass auf«, sagt der Psalmbeter zu seinem Inneren, zu seiner Seele, »es gibt Sätze, die sagst du nicht!«

Denn die Bibel sagt: »Er liegt nicht ewig mit uns im Streit und ist nicht für immer böse mit uns. Er straft uns nicht, wie wir es verdienen, und unsere Sünden zahlt er uns nicht heim« (Vers 9-10; BB).

Zu Verurteilungen oder sogar Angst vor Gott, dazu muss mein Inneres Nein sagen. Das ist nicht Gott! So ist er nicht! Es geht um die Wahrheit meines Lebens vor dem Angesicht Gottes.

Aber wie ist es möglich, das wirklich zu verstehen? Nicht mit dem Kopf – wie oft hören wir etwas und »wissen« es vielleicht sogar, aber es fällt uns trotzdem schwer, es zu glauben. Was wir brauchen, ist echtes »Herzenswissen«.

Der Psalmbeter arbeitet deshalb nicht mit gedanklichen Argumenten, sondern mit einer Übung[11]:

- Schau hinauf, wie hoch der Himmel über der Erde ist. Wo findet dein Blick ein Ende? So hoch ist Gottes Gnade über denen, die ihn fürchten (Vers 11).
- Und schau dir den Sonnenaufgang und den Sonnenuntergang an. Wie weit sind sie voneinander entfernt (Vers 12)! Nicht denken, anschauen! So weit lässt er unsere Übertretungen von uns sein.

Wer Psalm 103 betet, hilft seiner Seele zu neuen Bildern. Gedanken hat unser Inneres oft genug, aber die Bilder fehlen.

Vielleicht empfinden Sie es als hilfreich, eine Übung wie diese einmal auszuprobieren. Zu betrachten und zu schauen, damit etwas Neues in Ihre Seele einzieht. Wie groß Gottes Gnade ist, das kann ich gedanklich nicht ermessen. Aber ich kann es durch meinen Blick in die Höhe einüben.

Was bleibt?

Und dann folgt noch ein Gedanke, der mich im letzten Jahr sehr beschäftigt hat und seitdem nicht mehr loslässt. Vermutlich hängt es entscheidend mit dem ausgehenden zweiten Lebensdrittel zusammen, dass solche Fragen auf einmal auftauchen: Was bleibt von einem Menschen?

Wie sehr bemühen wir uns oft, dass etwas bleibt an äußeren Dingen und mehr oder weniger großem Besitz. Oder was vielleicht noch viel wichtiger ist – bleibende Anerkennung zu bekommen, gesehen zu werden. Die tiefe Sehnsucht, dass etwas bleibt, steckt in uns. Psalm 103 weicht dieser existenziellen Frage nicht aus – aber er beantwortet sie auf überraschende Weise:

> Der Mensch ist so vergänglich wie das Gras, er blüht wie eine Blume auf dem Feld. Wenn der Wind über sie hinwegfegt, ist sie dahin. Wo sie gestanden hat, bleibt keine Spur von ihr. Doch die Güte des Herrn bleibt bestehen, von Anfang an bis in alle Zukunft. Sie bleibt bei denen, die zu ihm gehören, und seine Gerechtigkeit bei den Kindern und Enkeln.
>
> *Vers 15-17;* BB

Psalm 103 sagt: Du kannst nichts dafür tun, dass etwas von dir bleibt.

Soll das die gute Nachricht sein?

Die gute Nachricht heißt: Du musst auch nichts dafür tun. Sag deiner Seele:

- Du musst nicht.
- Du kannst nicht.
- Du sollst nicht.

Von allem in dieser Welt werden wir einmal Abschied nehmen. Nur von Gott müssen wir niemals Abschied nehmen. Von seiner Güte! In einer Welt, in der alles vergeht, berührt uns hier das Bleibende. Nicht erst morgen – sondern jetzt schon!

Danke

Zum Schluss dieser Predigt zur diamantenen Hochzeit folgte ein persönliches Wort an unsere Eltern, das ich an dieser Stelle mit Ihnen teilen möchte: Liebe Mama, lieber Papa – es ist diese Barmherzigkeit Gottes, die euch getragen hat – bis heute. Seine Güte umfängt euch an allen Tagen und in den Nächten.

Doch ich habe mich gefragt: Was wünscht man einem Paar – den eigenen Eltern – zur diamantenen Hochzeit?

Wir sind in einer Familie aufgewachsen, wo der Glaube dazugehörte. Von Anfang an. Und dieser Glaube trägt und verbindet euch – aber er trägt auch jeden für sich.

Bei uns wurden viele Fragen heiß diskutiert, reflektiert und darum gerungen. Das hat uns vieles gelehrt. Aber das, wovon wir leben, ist, was uns zugesprochen wird – im Leben, aber auch im Glauben. »Empfangen dürfen, was uns geschenkt wird!«, so beschreibt der Theologe Reinhard Deichgräber einmal die Schlüsselkompetenz des Glaubens. Dazu sagt Psalm 103 in Vers 4: »... der dich krönet mit Gnade und Barmherzigkeit.« Da geschieht etwas an uns, und das Einzige, was wir tun können, ist stillhalten.

Ich möchte die Gelegenheit nutzen, Danke zu sagen. Danke, dass ihr so viele Jahre und Jahrzehnte beieinandergeblieben seid, bis heute. Wenn wir unseren Kindern und Enkeln etwas mitgeben können, ist es das: beieinanderzubleiben. Wenn die Sonne scheint, kann es jeder. Aber durchzuhalten, wenn es schwer wird, das ist echte Lebensarbeit. Dafür sagen wir von Herzen Danke. Auch dafür, dass wir »umbetete Menschen« sind. Ihr faltet in aller Treue die Hände für Kinder, Enkel und Urenkel. Das ist ein großer Schatz unseres Lebens.

Eine Stelle aus Psalm 103 möchte ich am Schluss noch herausgreifen. In Vers 5 heißt es: »... und du wieder jung wirst wie ein Adler.« (Spätestens hier sehe ich das Stirnrunzeln unserer Mutter.) Aber vielleicht hilft uns allen, wie Martin Buber es übersetzt, der sagt: »... der deine Reife sättigt mit Gutem, dass sich wie des Adlers deine Jugend erneuert.« Nicht ewig jung bleiben, das ist vermutlich nicht gemeint. Aber was der Psalm verspricht, ist, was den Reiz der Jugend ausmacht: Es wird etwas neu, immer wieder!

Dass unser himmlischer Vater euch weiter begleitet und krönt mit seiner Gnade und Barmherzigkeit, das ist unser Wunsch und unsere Bitte.

Schreibend verstehen

Ein Psalm wie ein Lebensrückblick! Diese Predigt war für mich die Gelegenheit, mich zwei Fragen noch einmal neu zu stellen:

- Wie schaue ich zurück?
- Was ist mir so wichtig, dass ich immer wieder davon erzähle?

An verschiedenen Übergängen meines Lebens habe ich das getan. Oft waren es runde Geburtstage.

Zu meinem 50. Geburtstag habe ich mir selbst ein Geschenk gemacht. Ein Fotobuch mit Bildern aus meinem Leben, zu denen ich etwas geschrieben habe. Nun könnte man ja meinen: Ist das nötig? Du warst doch immer dabei. Was hast du davon? Vermutlich findet jeder Mensch hier seinen eigenen Weg. Mir hilft das Schreiben, etwas sichtbar zu machen. Beispielsweise ist mir damals beim Zurückblicken deutlich geworden: Mit diesem Menschen muss ich noch etwas klären. Da ist ein Versöhnungsschritt dran – der in der Folge neu Beziehung ermöglicht hat.

Zu meinem 60. Geburtstag 2023 möchte ich mir wieder ein solches Geschenk machen. Eigentlich könnte man ja vermuten: Es reicht doch die Fortsetzung der zehn Jahre von 50 bis 60! Aber so ist es nicht, denn heute merke ich, dass ich mit dem Abstand von zehn Jahren manches noch einmal anders anschaue. Da sind wichtige Heilungsschritte passiert, die mich anders zurückschauen lassen. Damit wird Schweres nicht auf einmal schön. Aber es ist etwas gut geworden, gerade noch einmal in den letzten Jahren, und das ist eines der großen Geschenke meines Lebens. Und ich möchte weiterlernen, mit echten, ehrlichen Geschichten von anderen – und aus meiner eigenen. Von dem Theologen Wolfgang J. Bittner habe ich dazu inspirierende Impulse bekommen. Er schreibt:

> Eine Biografie ist immer die Auswahl von Fakten, die man erzählen könnte. Auswahl heißt: Wenn ich erzähle (oder schreibe!), dann nehme ich einen Teil dessen, was es in meinem Leben gibt. Ich wähle also aus. Danach bewerte ich diese Fakten: Was war wichtig und was war unwichtig, was war

> hilfreich und was war schädlich? Von einer bestimmten Einsicht aus deute ich dann meine Geschichte. Dazu muss man sagen – und das erleben wir alle auch –: Im Laufe unseres Lebens haben wir unsere Geschichte bzw. Teile daraus immer wieder einmal umgeschrieben, umgedeutet. Ich würde so weit gehen zu sagen: Der Glaube ist die Grundeinsicht, von der aus ich meine Geschichte deuten soll. Der Glaube ist ein Angebot, die Fakten meines Lebens vom Handeln Gottes, vom Geheimnis Gottes her zu deuten und so zu einer Geschichte werden zu lassen.[12]
>
> Sie haben nicht Ihre Biografie, sondern Sie erzählen sie. Das bedeutet, dass Sie diese Geschichte eben auch anders erzählen könnten. Biografie und Glaube heißt: Ich will meinen Glauben so leben, dass ich von diesem Glauben her mein Leben, also meine Geschichte, deute![13]

Was er damit meint, fasst er folgendermaßen zusammen:

> Die Art und Weise, wie Sie Ihre Lebensgeschichte erzählen, macht unverhohlen deutlich, welches Bild von Gott Sie in Ihrem Herzen tragen, und damit, welches Bild von sich selbst Sie in Ihrem Herzen tragen. Die Art und Weise, wie Sie Ihre Geschichte erzählen, macht Ihre Herzenstheologie deutlich. Daneben können Sie Vorträge über Gott halten, so viel Sie wollen, Ihre Vorträge glaube ich Ihnen nur bedingt.[14]

»Oha«, dachte ich beim Lesen, »das ist deutlich« – und fast zuckte ich innerlich ein wenig zusammen. Traue ich mich, so über mein Leben nachzudenken? So schonungslos darüber zu schreiben?

Was ist, wenn mir nicht gefällt, was ich da lese? Es ist ein Risiko, keine Frage. Manchmal frage ich mich auch, ob es Menschen nicht leichter haben, die weniger reflektieren. Hat mir das viele Nachdenken, Fragen, Überlegen etwas gebracht? Vermutlich gibt es hier nicht Besser oder Schlechter – sondern Ihren und meinen Weg. Mein Weg ist es, mich diesen Fragen zu stellen. Oft habe ich das mit meiner Seelsorgerin und Begleiterin getan. Sie hat mich dabei an die Hand genommen. Heute passiert das immer noch hin und wieder, aber jetzt findet vieles davon zwischen meinem himmlischen Vater und mir in »meinem Kämmerlein«, meinem Arbeitszimmer, statt. Dort haben wir Zeit: nur Gott und ich. Oft ist mein Schreiben ein Teil meines Betens.

Wenn ich etwas gelernt habe in den Jahren, dann dies: mich der Wahrheit und Wirklichkeit meines Lebens zu stellen. Das war und ist für mich immer der Schritt in eine neue Freiheit hinein. In Johannes 8,32 sagt Jesus zu seinen Jüngerinnen und Jüngern: »Ihr ... werdet die Wahrheit erkennen, und die Wahrheit wird euch frei machen!« Welche Wahrheit ist hier gemeint? Es ist die Wahrheit Gottes über unserem Leben: Ich bin für dich. Immer! Darin höre ich einen Zuspruch von Jesus selbst, denn so geht er mit seinen Freundinnen und Freunden um: Weil ich an deiner Seite bin, kannst du dich auch der Wahrheit und Wirklichkeit deines Lebens stellen. Manchmal wird sie schmerzen, es ist nicht leicht, sich manche Dinge einzugestehen – aber genau das ist der Weg in eine neue Wahrheit und Wirklichkeit hinein.

Wie gelingt es aber, diese Wahrheit und Wirklichkeit festzuhalten? Mir hilft es, zu schreiben:

Schreib es auf

Egal, ob Sie fleißig Tagebuch schreiben, früher gerne Aufsätze geschrieben haben oder heute noch Briefe schreiben, behaupte ich: Schreiben kann jeder! Vor allem dann, wenn es ohne Anspruch geschieht. Sehr gerne lese ich Lebensgeschichten und Biografien. Aber wie wäre es, auch meine eigene zu Papier zu bringen? Wer bin ich? Und wie bin ich die geworden, die ich heute bin? Viele Menschen haben auf diese Weise erlebt, wie sie mit sich und ihrem Leben noch einmal »ins Reine« gekommen sind.

Ich verstehe das Ganze oft besser, wenn ich wahrnehme, dass meine Geschichte längst vor mir angefangen hat.

Über das Vergangene schreibend nachzudenken bietet auch die Chance, Bilanz zu ziehen und Pläne für die Zukunft zu schmieden: Stimmt die Richtung noch? Was will ich zurücklassen? Wo zieht es mich hin?

Es geht nicht um Vollständigkeit oder gar eine Abrechnung mit anderen. Mein Leben muss nicht Punkt für Punkt abgearbeitet werden. Aber ich kann meiner Seele auf diese Weise einen wertvollen Dienst erweisen. Dazu können einige Ideen hilfreich sein:

- Vielleicht schreiben Sie jeden Morgen, immer mittwochs oder einmal im Monat: Wann haben Sie Zeit und Muße dazu?
- Wo schreiben Sie, was könnte Ihr persönlicher Schreibplatz sein? Ich habe mir vor einiger Zeit für mein Arbeitszimmer gebraucht einen kleinen Sekretär gekauft. Was für ein schöner Ort, um zu schreiben! Schreiben Sie direkt in den Computer oder mit der Hand? Kreatives Schreiben passiert

für mich immer zunächst mit der Hand und einem Bleistift oder meinem Lieblingskuli.

- Welche Themen und Fragen bewegen Sie? Ohne länger darüber nachzudenken, schreibe ich zehn Ideen auf, streiche sieben und überlege mir etwas zu den letzten drei, die ich anregend finde und die etwas bei mir auslösen.
- Möchten Sie alleine schreiben oder lieber mit anderen? Volkshochschulen bieten dazu Kurse, es gibt Online-Schreibwerkstätten, aber vielleicht würde Ihnen auch ein Schreiburlaub gefallen. Ich selbst habe einmal bei Susanne Niemeyer an einer Schreibwerkstatt teilgenommen[15] und viele berührende Dinge erlebt.

Wer es gerne kurz und knapp mag, dem gefällt vielleicht die Idee: »Lebenserinnerung in sechs Worten!« Wie das geht? Von dem Schriftsteller Ernest Hemingway wird erzählt, dass er einmal mit anderen Autoren in einer Bar gesessen und um 10 Dollar gewettet hat, dass er eine rührende Kurzgeschichte in sechs Worten erzählen könnte. Dann schrieb er auf eine Serviette: »Zu verkaufen! Babyschuhe, wurden nie getragen!« Keine Ahnung, ob das so passiert ist, aber die Geschichte ist gut. So können uns Dichterinnen und Schriftsteller inspirieren.

Aber beim eigenen biografischen Schreiben geht es nicht um die anderen, sondern um meine persönliche Geschichte.

Durch die Autorin und Referentin Vreni Theobald habe ich einiges über das biografische Schreiben gelernt. Beispielsweise könnten Sie damit starten, etwas zu Ihrem Namen zu schreiben: Wo kommt er her? Gibt es eine Geschichte dazu? Wer hat diesen Namen für Sie ausgesucht? Warum? Oder Sie gestalten ein Akrostichon zu Ihrem

Vornamen – ein Stichwort zu jedem Buchstaben. Damit kann man sich gewissermaßen ein wenig »warmschreiben«.

Mir selbst gefällt besonders eine Methode des biografischen Schreibens, bei der man das Leben in Sieben-Jahres-Schritten bedenkt. Diese habe ich auch für das Fotobuch zu meinem fünfzigsten Geburtstag verwendet. Zu jedem Sieben-Jahres-Schritt habe ich Fotos ausgewählt und viele berührende Entdeckungen gemacht. Ich kann es daher aus eigener Erfahrung sehr empfehlen.

Mein Leben ist eine gelebte Geschichte. Davon will ich nichts beschönigen, sondern ehrlich reflektieren und vor allem wertschätzen und bejahen.

Zu diesen »Sieben-Jahres-Schritten« gibt es Fragen, die beim Schreiben helfen können:

0 bis 7 Jahre

Wo und in welche Familiensituation wurde ich geboren? Wer war schon da? Mit wem konnte ich spielen? Wann und wo bin ich in den Kindergarten gegangen? Habe ich Erinnerungen an besondere Feste, Geburtstage oder auch an schwere Ereignisse in der Familie? Wo fühlte ich mich geborgen?

Glaubensbiografie: Erinnere ich mich an Geschichten über Gott, die man mir erzählt hat? Wie habe ich gebetet? Was für ein Bild hatte ich von Gott?

8 bis 14 Jahre

Wie war jetzt die Situation der Familie? Wie sah unsere Wohnung oder unser Haus aus? Wo war mein Lieblingsplatz? Hatte ich ein Haustier, ein besonderes Hobby oder habe ich ein Musikinstrument gelernt? Wer waren meine Freundinnen und Freunde? Wie habe ich die Schule erlebt? War ich beliebt in der Klasse oder eher ein Außenseiter? Gab es besondere Ereignisse?

Glaubensbiografie: War ich im Kindergottesdienst oder in der Jungschar? Wie sah mein Kinderglaube aus? Welche Geschichten oder Lieder, welche Bezugspersonen spielten eine Rolle? Wie habe ich Gott erlebt?

15 bis 21 Jahre

War ich als Teenager und Jugendliche eher angepasst oder aufmüpfig? Hatte ich Vorbilder? Wie sah in dieser Zeit die Beziehung zu meinen Eltern aus? Was habe ich in meiner Freizeit gemacht? Wie lief die Studien- oder Berufswahl ab? Hatte ich Freude an meinem Frau- bzw. Mannsein? Gab es erste Liebesbeziehungen? Wurde ich von jemandem enttäuscht?

Glaubensbiografie: Hatte ich meinen Platz in der Gemeinde? Wie sah meine Beziehung zur Bibel aus? Gab es eine persönliche Entscheidung für den Glauben?

22 bis 28 Jahre

Was habe ich in dieser Zeit gemacht? Wo habe ich gewohnt, gearbeitet oder studiert? Wie habe ich mir eine eigene Existenz aufgebaut? Wie war mein Familienstand zu dieser Zeit: verliebt, verlobt, verheiratet, Single oder getrennt? Wie sah die Ablösung vom Elternhaus aus? Welche Träume und Pläne hatte ich?

Glaubensbiografie: Wo war ich geistlich beheimatet? Habe ich die Gemeinde gewechselt, und wenn ja, wieso? Hatte ich einen festen Platz in der Gemeinschaft?

29 bis 35 Jahre

Wie sah meine Lebens- und Familiensituation aus? War ich glücklich? Was hat meinen Alltag bestimmt?

- Als Ehepaar: Wie haben wir zueinandergefunden und unser Leben gemeistert?
- Als (wieder) Single: Wie bin ich mit dieser Lebenssituation umgegangen? Welche Wünsche und Sehnsüchte haben mich bestimmt? Hatte ich ein Netz von Freunden? Wo und wofür habe ich mich engagiert?

Glaubensbiografie: Wie hat mein Glaube an Gott ausgesehen? Was hat mir die Gemeinde bedeutet? Wo habe ich mich eingesetzt?

36 bis 42 Jahre

Wenn die Lebensmitte eingeläutet wird, wächst oft die Sehnsucht nach Echtheit und Wahrhaftigkeit. Was waren meine Lebens- und Familienumstände? Was hat sich innerlich und äußerlich verändert? Wie kam ich beruflich zurecht? Gab es Schweres und Enttäuschungen?

Glaubensbiografie: Wie habe ich in dieser Zeit meinen Glauben gelebt? Was hat sich in der Zwischenzeit vielleicht verändert? Wo gab es Zweifel, Glaubenskrisen oder Unzufriedenheit, mit mir, mit Gott oder mit der Gemeinde?

43 bis 49 Jahre

Wandel und Wechsel. Für Frauen fallen in diese Zeit die Wechseljahre, die sie besonders beanspruchen können. Gab es Unruhe und Unzufriedenheit, körperliche oder seelische Beschwerden? Hat sich in der Ehe und Familie Entscheidendes verändert? Wie habe ich als Single oder nach dem Verlust meines Partners/meiner Partnerin gelebt? Konnte ich Beziehungen und Freundschaften pflegen?

Glaubensbiografie: Wie ging es mir mit dem Glauben? Habe ich etwas gespürt von Veränderungswünschen?

50 bis 56 Jahre

Wie und wo habe ich gearbeitet, gelebt und gewohnt? Welche Werte waren für mich wichtig? Hat sich in meinen Beziehungen etwas verändert? Was möchte ich gerne anpacken? Hat sich etwas verändert im Denken über mich selbst? Hat sich mein Lebensstil verändert, meine politische Meinung, meine Freizeitgestaltung oder vielleicht meine Garderobe?

Glaubensbiografie: Hat sich etwas in meinem Denken und Glauben an Gott verändert? Hat der Glaube etwas verändert in meinem Leben? Wie würde ich das beschreiben?

57 bis 63 Jahre

Wie sind meine Lebensumstände an der Schwelle ins dritte Drittel des Lebens? Wie geht es mir körperlich, seelisch und geistig? Habe ich noch Kraft für die letzten Berufsjahre? Woran leide ich? Wie geht es mir in meinen Beziehungen? Habe ich liebe Menschen verloren? Habe ich Wünsche und Sehnsüchte für die kommende Lebensphase?

Glaubensbiografie: Wie verändert und entfaltet sich mein Glaube? Was ist mir wichtig? Was tritt in den Hintergrund und ist nicht mehr so wichtig? Wie sieht meine persönliche Beziehung zu Gott aus?

64 bis 70 Jahre
Wie sieht mein Leben jetzt aus: Wohnen, Beziehungen, aktuelle Aufgaben? Was ist mir wichtig – und was ist mir inzwischen egal? Habe ich Ziele und Wünsche? Welche Verluste habe ich erlitten? Was würde ich gerne noch einmal versuchen?

Glaubensbiografie: Haben sich mein Gottesbild und mein Glaube verändert? Woran merke ich das? Woran merken es vielleicht auch andere? Wie erlebe ich die Gemeinde?

Natürlich ist an dieser Stelle für viele Menschen die Biografie noch nicht zu Ende. Aber ich möchte einen Punkt machen, weil ich es bis hierhin einigermaßen überblicke und einige Fragen für die nächsten Jahre ähnlich lauten würden.

Zum Schluss könnten Sie die Frage beantworten: Welche Hauptüberschrift würde ich aktuell über mein Leben setzen?

Ich liebe es, zu schreiben – und zwar immer mehr. Und ich lerne von anderen Schreibenden, wie zum Beispiel von der jungen Autorin Hanna Buiting[16]:

> Die Neugier ist es, die mein Schreiben bestimmt. Ich will einfach wissen, was ist, was wird oder was sein könnte. Und ich lerne durch das Schreiben so viel. Über die Welt und was sie zusammenhält und schließlich über mich selbst darin!

Zwei Entdeckungen

Gründonnerstag 2020. An diesem Morgen beschäftigen mich zwei Gedanken. Sie sind plötzlich einfach da. Auch das ist eine

Erfahrung in diesen Tagen des ersten Corona-Lockdowns – in der Stille wird uns etwas geschenkt. Als wenn wir das nicht schon längst wüssten, aber im Trubel der Ereignisse wird es im Alltag manchmal zugedeckt.

Höre ich gerade noch mal anders?

Der erste meiner Gründonnerstagsgedanken ist eine Frage: »Höre ich gerade auf Worte, die ich normalerweise überhöre – beziehungsweise überlese?« Sie stehen immer so da, die Bibeltexte verändern sich ja nicht. Aber höre ich momentan einfach anders? Das ist ja nun keine neue Entdeckung und trotzdem wohl wesentlich für unseren Glauben. Angesichts von Angst und Not haben es Menschen zu allen Zeiten erlebt, dass sie ganz »Ohr« waren und Gott auf diese Weise noch einmal neu begegnet sind. Und vielleicht war diese »globale Stille« eine Möglichkeit, auch »unterentwickelte Ohren« zu pflegen und ihnen Aufmerksamkeit zu schenken.

Der Kommunikationspsychologe Friedemann Schulz von Thun[17] hat schon vor vielen Jahren herausgefunden: Wir interpretieren gleiche Aussagen unterschiedlich. Daraus hat er das Modell des »vierohrigen Empfängers« entwickelt.

Mein Mann sagte mir immer wieder einmal: »Dein ›Appell-Ohr‹ (also das Ohr, das in allen Botschaften immer eine Aufforderung an sich selbst entdeckt) ist so groß, darin kannst du dich locker mehrmals einwickeln!« Da hatte er nebenbei gesagt: »Vielleicht sollten wir mal bei Mutti anrufen?« Und ich höre: »Ruf du doch mal an!«, auch wenn er das gar nicht so gemeint hat.

In den meisten Fällen überträgt sich wohl die Art, wie wir auf die Menschen um uns herum hören, auf unseren Glauben. Daher glaube ich, dass wir das »Vier-Ohren-Modell« auch darauf anwenden können, wie wir Gott in unserem Leben hören und erleben.

Mein großes Appellohr entnimmt vielen Bibeltexten die Aufforderung: Tu etwas!

Jetzt könnten Sie erwidern: »Aber Gott fordert uns in der Bibel doch deutlich zum Handeln heraus.« Das stimmt, ein Blick in die Bergpredigt genügt, um das zu bestätigen. Aber wenn wir in unserer Beziehung zu Gott nicht nur an diesen Stellen, sondern immer und überall Aufforderungen hören, dann wird uns der Glaube auf Dauer überfordern. Dann ist Gott jemand, der neben allen anderen auch noch ständig etwas von uns erwartet.

Wenn Sie wie ich ein großes Appellohr haben, ist es wichtig, Ihr Beziehungsohr zu stärken und sich auch dem Zuspruch Gottes zu öffnen. Es gilt, ganz Ohr zu sein für das, was Gott in die Tiefe Ihres Herzens hineinspricht.

Das müssen wir einüben und dafür ist es notwendig, dass wir immer wieder neu solche Zusprüche hören, von Gott und von unseren Mitmenschen.

Dass Gott da ist, *für* uns ist – das möchte ich mir zusprechen lassen. Aus dieser Beziehung heraus höre ich noch einmal anders, wozu Jesus mich auffordert. Mein Glaube hängt dann nicht daran, ob ich schaffe, was er von mir möchte. Ich werde es natürlich versuchen, aber wenn es nicht gelingt, stellt dies nicht die Beziehung zu Jesus infrage. Und glauben Sie mir, das muss ich mir oft sagen lassen. Nein, ich möchte es anders ausdrücken: Dafür öffne ich mein Herz.

»Lieder-Glauben«

Und die zweite »Morgen-Entdeckung«? Ich habe einen »Lieder-Glauben«. Die Art und Weise, wie ich meinen Glauben lebe, hängt stark mit Liedern zusammen, mit denen ich eine Geschichte habe. Sie sind wesentlicher Teil meiner persönlichen Spiritualität. So wie das Lied »Nun gehören unsre Herzen« des Pfarrers Friedrich von Bodelschwingh an Karfreitag einfach dazugehört, das er 1938 gedichtet hat. Mir fehlt etwas, wenn wir es nicht singen:

> Nun gehören unsre Herzen ganz dem Mann von Golgatha,
> der in bittern Todesschmerzen das Geheimnis Gottes sah.
> Das Geheimnis des Gerichtes über aller Menschen Schuld,
> das Geheimnis neuen Lichtes aus des Vaters ewger Huld.
>
> Nun in heilgem Stilleschweigen stehen wir auf Golgatha,
> tief und tiefer wir uns neigen vor dem Wunder, das geschah,
> als der Freie ward zum Knechte und der Größte ganz gering,
> als für Sünder der Gerechte in des Todes Rachen ging.
>
> Doch ob tausend Todesnächte liegen über Golgatha,
> ob der Hölle Lügenmächte triumphieren fern und nah:
> Dennoch dringt als Überwinder Christus
> durch des Sterbens Tor,
> und die sonst des Todes Kinder, führt zum Leben er empor.
>
> Schweigen müssen nun die Feinde
> vor dem Sieg von Golgatha,
> die begnadigte Gemeinde sagt zu Christi Wegen: ja!

Ja, wir danken deinen Schmerzen; ja wir preisen deine Treu,
ja, wir dienen dir von Herzen: Ja, du machst einst alles neu![18]

Dieses Lied erzählt auf eine berührende Art und Weise, was Jesus für uns am Kreuz getan hat. Und es führt einen Weg, den wir heute – viele Jahre später – »nachgehen« können. Dabei wird manches erklärt, aber in allem dominiert das Staunen über das Geheimnis, dass der Sohn Gottes aus der Herrlichkeit seines Vaters gekommen ist, um sein Leben für uns zu geben. Die Feinde müssen schweigen vor dem Sieg Jesu. Der Gemeinde Gottes – also auch mir – gilt seine Gnade! Und es ist ein persönliches Vertrauenslied: Ja, ich vertraue darauf, dass das auch für mich gilt. Für mich ist dieses Lied jedes Jahr wieder eine Vergewisserung meines Glaubens.

Diese Vergewisserung durch Lieder geschieht bei mir zu verschiedenen Zeiten. Durch den Soziologen Hartmut Rosa[19] habe ich dies ein wenig besser verstanden: Lieder verändern etwas. Wir erfahren den »Anruf« Gottes. Etwas erreicht uns, und ich antworte darauf. Ein Resonanzraum entsteht. Diese Resonanz ist unverfügbar, wir können sie also nicht einfach planen. Aber wir können Räume eröffnen, in denen etwas geschehen kann.

Sehr oft erfahren Menschen, dass Lieder etwas in ihnen verwandeln. Verwandlung bedeutet: Es geschieht an mir. Resonanz bedeutet: zulassen können. Nicht verfügbar heißt, wir haben es nicht unter Kontrolle. Wir können es nicht beherrschen. Aber Räume eröffnen für Gottes Reden – das können wir. Und dort kommt etwas zum Klingen. Meistens klingt es auch weiter. Es schwingt weiter, als bloße Worte es können. Wir lassen uns hineinfallen in die Melodien, in die gesungenen Worte, und spüren: Wir werden getragen.

Diese Erfahrung kann uns durch das Kirchenjahr begleiten, mit den Liedern, die in der jeweiligen Zeit wichtig sind. Das habe ich im Laufe meines Lebens als einen echten Schatz entdeckt. In der freikirchlichen Tradition, die mich in den ersten Jahrzehnten geprägt hat, kommt das Kirchenjahr mit seinen verschiedenen Zeiten in der Regel eher sparsam vor. Dafür kann es in der landeskirchlichen Tradition manchmal so selbstverständlich sein, dass die darin verborgenen Schätze nicht zum Tragen kommen.

Das Kirchenjahr führt uns in einem Jahr durch die wesentlichen Themen unseres Glaubens. Und das alle Jahre wieder. Aber wir sind ja im nächsten Jahr nicht mehr dieselben. Damit haben wir die Chance, die Texte und Lieder noch einmal neu zu hören. So ist das Kirchenjahr für mich in den letzten Jahren zu einer Art Lebens-Übungsweg geworden. Jedes Jahr komme ich an derselben Stelle vorbei, aber jedes Mal ist es neben manchem Vertrauten auch ein wenig anders und es gibt Neues zu entdecken.

- Welche Lieder gehören für Sie dazu?
- Was sind Ihre besonderen Schätze, die Sie nicht missen möchten?

Mir sind die folgenden Lieder im Jahreslauf wichtig.

Advent

Wie soll ich dich empfangen und wie begegn, ich dir,
o aller Welt verlangen, o meiner Seele Zier?
O Jesu, Jesu, setze mir selbst die Fackel bei,
damit, was dich ergötze, mir kund und wissend sei.[20]

Weihnachten

Ich steh an deiner Krippen hier,
o Jesu, du mein Leben;
ich komme, bring und schenke dir,
was du mir hast gegeben.
Nimm hin, es ist mein Geist und Sinn,
Herz, Seel und Mut, nimm alles hin
und lass dirs wohlgefallen.[21]

Silvester

Von guten Mächten wunderbar geborgen
erwarten wir getrost, was kommen mag.
Gott ist bei uns am Abend und am Morgen
und ganz gewiss an jedem neuen Tag.[22]

Karfreitag

Nun gehören unsre Herzen ganz dem Mann von Golgatha,
der in bittern Todesschmerzen das Geheimnis Gottes sah,
das Geheimnis des Gerichtes über aller Menschen Schuld,
das Geheimnis neuen Lichtes aus des Vaters ewger Huld.[23]

Ostern

Er ist erstanden, Halleluja!
Freut euch und singet, Halleluja!

Denn unser Heiland hat triumphiert,
all seine Feind gefangen er führt!
Lasst uns lobsingen vor unserem Gott.[24]

Pfingsten

O komm, du Geist der Wahrheit,
und kehre bei uns ein,
verbreite Licht und Klarheit,
verbanne Trug und Schein.
Gieß aus dein heilig Feuer,
rühr Herz und Lippen an,
dass jeglicher getreuer
den Herrn bekennen kann.[25]

Erntedank

Wir pflügen und wir streuen den Samen auf das Land,
doch Wachstum und Gedeihen steht in des Himmels Hand:
der tut mit leisem Wehen sich mild und heimlich auf
und träuft, wenn heim wir gehen,
Wuchs und Gedeihen drauf.
Alle gute Gabe kommt her von Gott dem Herrn,
drum dankt ihm, dankt, drum dankt ihm, dankt und hofft auf
ihn.[26]

Die Gott lieben werden sein wie die Sonne,
die aufgeht, in ihrer Pracht,
die Gott lieben werden sein wie die Sonne,
die aufgeht in ihrer Pracht.[27]

Herzens-Wissen

Diese und andere Lieder gehören zu meinem persönlichen Herzens-Wissen. Sie spiegeln etwas von meiner Lebens- und Glaubensgeschichte wider. Einige gehören schon lange dazu, andere haben sich verändert. Allerdings gibt es in Bezug auf Lieder bei mir in den letzten Jahren auch eine besondere »Herzens-Erweiterung« und die hat einen Namen: Irene!

Irene ist seit vielen Jahren Lobpreismusikerin und eine sehr gute Freundin von mir. Wir haben uns 2009 in Bayern auf einem Frauen-Wochenende kennengelernt. Seitdem sind wir ab und zu gemeinsam unterwegs. Von Beruf ist sie freiberufliche Musiklehrerin mit dem Schwerpunkt Volksmusik. Dass man auch »fromm jodeln« kann, habe ich bei ihr gehört – selbst gelernt eher nicht, das ist für mich als gebürtige Norddeutsche dann doch eine andere Welt.

Bei Irene habe ich Lobpreis nicht nur gehört, sondern erlebt. Das Besondere an ihr ist: Sie singt nicht nur mit den Menschen, sondern sie eröffnet einen Raum, in dem jeder seinen Ton, seine Stimme findet, sodass eine Gottesbegegnung möglich wird. Sie tut das mit eigenen Liedern oder mit Liedern von anderen. Eines ihrer Lieder lasse ich mir ab und zu persönlich zusingen:

Gott ist für mich. Gott ist für mich.
Er hat seinen eignen Sohn für mich nicht verschont.
Er ist für mich, hingegeben, mir ist in ihm auch alles
geschenkt.
Nichts und niemand mehr kann mich trennen von ihm.
Nichts und niemand mehr kann mich scheiden
von dem Herrn.
Gott ist für mich![28]

Manchmal brauche ich nicht mehr – aber das habe ich nötig und da wird mein Beziehungsohr weit. Wie gut, dass es diesen Zuspruch in meinem Leben gibt. Der Theologe Fulbert Steffensky sagt: »Der Gesang ist die eigentliche Muttersprache des Glaubens!«

Davon ahne ich etwas, wenn ich auf unseren Enkel aufpasse. Als er etwa acht Monate alt war, war er schon ziemlich aufgeweckt, und im Kinderwagen zu liegen gefiel ihm oft nicht auf Anhieb. Wenn ich dann mit ihm unterwegs war, habe ich für ihn gesungen. Meist war es ein kleiner Chorus, mit dem bei uns im Gottesdienst immer die Kinder in die Kinderkirche verabschiedet werden: »Das wünsch ich sehr, dass immer einer bei dir wär, der lacht und spricht, fürchte dich nicht!« Als unser Enkel eines Tages anfing, mitzusummen, ging mir das als Oma natürlich sehr zu Herzen. Singen als Muttersprache des Glaubens! Ja, das überzeugt mich.

Aber zu meiner Lebenswirklichkeit gehören nicht nur diese schönen Erfahrungen. Manchmal war es gerade noch so gut, und dann überfallen mich auf einmal Zweifel und Fragen. Darum geht es im nächsten Kapitel.

»Im Alter verliert man die Zähne, aber nicht die Zweifel«

Vor einigen Jahren auf dem Kirchentag sagte Fulbert Steffensky: »Im Alter verliert man die Zähne, aber nicht die Zweifel!« Ich weiß noch genau, wie ich gleichzeitig berührt war und geschmunzelt habe. Und zumindest innerlich habe ich genickt: Ja, so ist das. Mit Anfang zwanzig habe ich noch gedacht, irgendwann sei alles klar – oder zumindest vieles. Doch heute habe ich oft grundlegende Zweifel, die mich plagen.

Wiederum ist es Steffensky, dessen Gedanken mir helfen, mit diesen Fragen umzugehen. Ich fühle mich verstanden: »Im Alter wächst sowohl der Wunsch und das Bedürfnis nach Einverständnis mit dem Leben als auch der Zweifel am Sinn des ganzen Unternehmens. Es wächst der Wunsch, Gott zu loben, und es wächst der Zweifel an ihm.«[29]

Diese Gleichzeitigkeit macht es oft so schwer. Einerseits Gott zu loben, ihn zu erleben – und manchmal zur selben Zeit zu fragen: »Wer bist du, Gott? Wo bist du jetzt?« Passt beides zusammen oder müssen wir eines zur Seite schieben, damit es am Ende aufgeht? Aber da ist sie ja, die Erfahrung unseres Lebens: So oft geht es eben nicht auf. Da bleiben Fragen. Und jetzt?

Mir ist schon klar, dass wir dafür in der Gemeinde eine Strategie haben: *Frage stellen – Antwort geben.* Das habe ich selbst auch so gelernt und wir brauchen ja Antworten. Kein Mensch kann nur von Fragen leben. Und doch bleibt bei mir manchmal ein fahler Geschmack zurück: Da ist doch noch etwas offen! Da gibt es in der Bibel die Bilder in der Offenbarung des Johannes, dass einmal alle Fragen gelöst und alle Tränen getrocknet werden. Diesen Worten haben Generationen vor uns vertraut – und nach uns wird es weitergehen. Muss ich, kann ich mich bergen in Worten von Menschen, die vor mir gewesen sind, auch wenn ich sie noch nicht ganz verstehe, ihnen vielleicht auch gerade nicht glauben kann? Kann ich anknüpfen an eine Tradition, die andere getragen hat?

Heute Morgen im Gottesdienst, beim gemeinsamen Singen, dachte ich: »Dafür brauche ich die Gemeinschaft der Menschen in der Gemeinde.« Wenn sie singen, kann ich mit einstimmen. Ich werde getragen vom Singen – und damit auch vom Glauben der anderen. Und zu anderen Zeiten trage ich sie mit. Wir sind ja nicht die Ersten, denen Zweifel zu schaffen machen:

Es ist Sonntagabend in Jerusalem. Die Jünger sitzen zusammen. Sie haben die Türen fest verschlossen aus Angst vor den jüdischen Behörden. Ist es wirklich erst drei Tage her, dass Jesus gekreuzigt und begraben wurde? Alles ist so passiert, wie er es ihnen angekündigt hat. Ob sie es einfach nicht für möglich gehalten haben?

Wie soll es jetzt weitergehen? Wie viele Gedanken und Gefühle schwirren wohl durch den Raum: Angst, Trauer, Verwirrung – aber auch Hoffnung? Sie reden wenig, jeder hängt seinen Gedanken nach. Ab und zu seufzt jemand. Plötzlich passiert etwas:

> Da kam Jesus, trat in ihre Mitte und sagte: »Friede sei mit euch!« Nach diesen Worten zeigte er ihnen seine Hände und seine Seite. Die Jünger freuten sich sehr, als sie den Herrn sahen. Jesus sagte noch einmal: »Friede sei mit euch! Wie mich der Vater gesandt hat, so sende ich jetzt euch!«
> *Johannes 20,19-21; BB*

Wie ist das möglich? Auf einmal steht Jesus in ihrer Mitte. Wie ist er reingekommen? Was hat das zu bedeuten? Aber er ist es – eindeutig! Und wie gut tun seine Worte: »Friede sei mit euch!« Diesen Shalom Gottes spricht er ihnen zu. Es scheint, dass damit mitten in den Raum der Angst und Unsicherheit etwas eingekehrt ist an Ruhe und Geborgenheit. Keine Vorwürfe: »Ich habe euch doch darauf vorbereitet. Wieso habt ihr mir nicht geglaubt? Und überhaupt, warum seid ihr so ängstlich, habt ihr gar nichts gelernt?« Nichts von alledem! Stattdessen: »Friede sei mit euch!« Dann ist er wieder fort.

Es sind nicht alle dabei gewesen: Thomas, der auch Zwilling genannt wird, hat Jesus verpasst. Als er zurückkommt, erzählen ihm die anderen: »Wir haben den Herrn gesehen!« Wie könnte Thomas darauf reagieren? »Toll! Danke, dass ihr mir das erzählt. Da bin ich aber froh.« Stattdessen erwidert er: »Erst will ich selbst die Wunden von den Nägeln an seinen Händen sehen. Mit meinem Finger will ich sie fühlen. Und ich will meine Hand in die Wunde an seiner Seite legen. Sonst kann ich das nicht glauben!« (Johannes 20,25; BB).

Der Jünger Thomas »hätte gut ins 21. Jahrhundert gepasst, denn er hält nichts für wahr, was er nicht selbst gesehen (...) hat«, stand vor einiger Zeit im ZEITmagazin.[30] Da ist was dran. Aber ich merke, es sind ja nicht nur die Fragen der anderen, es sind auch meine Fragen. Wie ist das, wenn nicht nur Fragen, sondern echte Zweifel auftauchen? Kann ich sie zulassen – oder gehe ich lieber schnell zur Tagesordnung über? Wer weiß, was sonst passiert? Deshalb bin ich so froh, dass der Jünger Thomas einen Platz hat – seinen Platz – in den Berichten über die Auferstehung von Jesus. Jesus selbst nimmt ihn ernst mit seinen Zweifeln. Bei ihm haben sie Raum, dürfen ausgesprochen werden.

Einige Tage später begegnet Jesus den Jüngern noch einmal:

Acht Tage später waren die Jünger wieder beieinander. Diesmal war Thomas bei ihnen. Wieder waren die Türen verschlossen. Da kam Jesus, trat in ihre Mitte und sagte: »Friede sei mit euch!« Dann sagte er zu Thomas: »Leg deinen Finger hierher und sieh meine Hände an. Streck deine Hand aus und leg sie in die Wunde an meiner Seite. Sei nicht länger ungläubig, sondern komm zum Glauben!« Thomas antwortete: »Mein Herr und mein Gott!«
Johannes 20,26-28; BB

Ob Thomas den Finger in die Seite von Jesus legt und die Wunden untersucht, wissen wir nicht. Aber wir hören sein Bekenntnis: »Mein Herr und mein Gott!« Jesus nimmt seinen Unglauben nicht einfach weg – aber er schafft einen Raum, in dem Thomas ihm begegnet.

Du gehst deinen Weg
mit jedem anders, Jesus:
Petrus,
Maria,
Johannes, von dem es heißt:
der Jünger, der ihn besonders liebte,
Thomas.

Das ermutigt mich,
meinen eigenen Weg zu dir zu finden.
Und immer wieder die Erfahrung,

du kommst mir entgegen.
Schaffst einen Raum,
in dem ich dich finde.

Und du sprichst mir deinen Frieden zu:
»Shalom, Friede sei mit dir!«

Und noch eine Geschichte nach der Auferstehung von Jesus gehört für mich zu einem echten Schatz. Vielleicht würde ich sogar so weit gehen, zu sagen: Ohne diese grundlegende Erfahrung kann ich mir meinen Glauben, nicht mehr vorstellen.

Worauf du dich verlassen kannst

Beim Schreiben habe ich in den letzten Wochen entdeckt: Ich habe mehr Lieblingsgeschichten, als ich dachte. Sie sind für mich im Laufe meines Lebens zu echten Haltepunkten geworden: echte Geschichten – wirkliches Leben.

Aber wieso zählt die folgende Geschichte am See Genezareth dazu? Vielleicht liegt es daran, dass mir Petrus schon von klein auf sympathisch war: Es hat mir einfach imponiert, wie er so vorneweg war. Wie begeistert er sich für Jesus eingesetzt hat. Ehrlicherweise muss ich zugeben, dass er dreimal gesagt hat: »Diesen Jesus kenne ich nicht.« Um diese Geschichte, um sein Versagen, um die Scham, die damit zusammenhängt, habe ich gedanklich immer einen Bogen gemacht. Aber wie Jesus mit ihm weitergemacht hat, das ist etwas, worauf ich mich verlassen möchte:

Später zeigte sich Jesus seinen Jüngern noch einmal. Das war am See von Tiberias und geschah so: Es waren dort beieinander: Simon Petrus, Thomas, der Didymus genannt wird, Natanael aus Kana in Galiläa, die Söhne des Zebedäus und zwei weitere Jünger. Simon Petrus sagte zu den anderen: »Ich gehe fischen!« Sie antworteten: »Wir kommen mit.« Sie gingen zum See und stiegen ins Boot. Aber in jener Nacht fingen sie nichts.
Als es schon Morgen wurde, stand Jesus am Ufer. Die Jünger wussten aber nicht, dass es Jesus war. Jesus fragte sie: »Meine Kinder, habt ihr nicht etwas Fisch zu essen?« Sie antworteten: »Nein!« Da sagte er zu ihnen: »Werft das Netz an der rechten Bootsseite aus. Dann werdet ihr etwas fangen!« Sie warfen das Netz aus. Aber dann konnten sie es nicht wieder einholen, so voll war es mit Fischen. Der Jünger, den Jesus besonders liebte, sagte zu Petrus: »Es ist der Herr!« Als Simon Petrus hörte, dass es der Herr war, zog er sich seinen Mantel über und band ihn hoch. Er war nämlich nackt. Dann warf er sich ins Wasser. Die anderen Jünger folgten im Boot und zogen das Netz mit den Fischen hinter sich her. Sie waren nicht mehr weit vom Ufer entfernt, nur etwa 100 Meter. Als sie an Land kamen, sahen sie dort ein Kohlenfeuer brennen. Darauf brieten Fische, und Brot lag dabei. Jesus sagte zu ihnen: »Bringt ein paar von den Fischen, die ihr gerade gefangen habt.« Da stieg Simon Petrus ans Ufer und zog das Netz an Land. Es war voll mit großen Fischen – genau 153 Stück. Und das Netz zerriss nicht, obwohl es so viele waren. Da sagte Jesus zu ihnen: »Kommt und esst!« Keiner der Jünger wagte es, ihn zu fragen: »Wer bist du?« Sie wussten doch, dass es der

Herr war. Jesus trat zu ihnen, nahm das Brot und gab ihnen davon. Genauso machte er es mit dem Fisch. Das war schon das dritte Mal, dass Jesus sich den Jüngern zeigte, nachdem er von den Toten auferstanden war. Als sie gegessen hatten, sagte Jesus zu Simon Petrus: »Simon, Sohn des Johannes, liebst du mich mehr als irgendein anderer hier?« Er antwortete ihm: »Ja, Herr, du weißt, dass ich dich lieb habe.« Da sagte Jesus zu ihm: »Führe meine Lämmer zur Weide!« Dann fragte er ihn ein zweites Mal: »Simon, Sohn des Johannes, liebst du mich?« Petrus antwortete: »Ja, Herr, du weißt, dass ich dich lieb habe!« Da sagte Jesus zu ihm: »Hüte meine Schafe!« Zum dritten Mal fragte er ihn: »Simon, Sohn des Johannes, hast du mich lieb?« Da wurde Petrus traurig, weil er ihn zum dritten Mal gefragt hatte: »Hast du mich lieb?« Er sagte zu Jesus: »Herr, du weißt alles! Du weißt, dass ich dich lieb habe!« Da sagte Jesus zu ihm: »Führe meine Schafe zur Weide!«

Johannes 21,1-17; BB

Mir tut es gut, die Geschichte von Petrus noch einmal zu sehen und wahrzunehmen, wie sie wirklich ist. Beim Nachdenken darüber habe ich wieder einmal verstanden, was Gnade heißt. Und doch ist genau das eine Zusage Gottes, die ich für mich selbst oft nur schwer annehmen kann. Vermutlich bin ich damit nicht alleine. Was kann uns dabei helfen, Gottes Gnade noch einmal neu zu entdecken?

»Ich habe für dich gebetet, dass dein Glaube nicht aufhört«

Jesus weiß Bescheid. Das ist für mich eine sehr tröstliche Erkenntnis. Er wusste schon, dass Petrus ihn verraten würde, als dieser noch ganz sicher war, alles für seinen Herrn tun zu können. Ständig war Petrus den anderen voraus. Aber ich traue ihm zu, dass er es ehrlich gemeint hat. Wie war das noch, als Jesus seine Jünger gefragt hat: »Wollt ihr etwa auch weggehen?«?

> Simon Petrus antwortete: »Herr, zu wem sollten wir denn gehen? Du sprichst Worte, die ewiges Leben schenken. Wir glauben und haben erkannt: Du bist der Heilige Gottes!«
> *Johannes 6,68-69;* BB

Vielleicht wissen Sie, wie die Geschichte weitergeht: Petrus hat den Mund so voll genommen – und dann jämmerlich versagt. Die Angst hat ihn gepackt. Und ich kann ihn so gut verstehen.

Aber noch bevor es so weit ist, bevor die Ängste und der Zweifel Petrus fest im Griff haben, hat Jesus für ihn gebetet: »Du wirst an mir zweifeln, du wirst mich verleugnen – aber das ist nicht das Ende deines Glaubens. Ich habe für dich gebetet, dass dein Glaube nicht aufhört« (Lukas 22,31-34).

Ich lade Sie ein, an dieser Stelle einen Moment mit mir anzuhalten, diesen Satz für sich persönlich zu hören und auf sich wirken zu lassen:

- Wo und für welche Fragen, Zweifel, Ängste oder Versagen wünsche ich mir diese Fürbitte, diesen Für-Glauben, von

Jesus: »Ich habe für dich gebetet, dass dein Glaube nicht aufhört«?

Unter vier Augen – in der Seelsorge bei Jesus

Zurück zu unserer Geschichte am See Genezareth. Ehrlich, diese Augenblicke hätte ich zu gerne miterlebt: dieses Gespräch von Jesus und Petrus am See. Wir wissen nicht, ob die anderen dabei waren – das spielt auch keine Rolle. Es wirkt trotzdem wie ein Schutzraum, ein Ort, in dem sich Jesus Petrus noch einmal ganz persönlich zuwendet. Jesus geht nicht einfach über das hinweg, was passiert ist – lass es uns vergessen, Schwamm drüber. Aber genauso wenig beschämt er Petrus. Das bewegt mich sehr. Es ist nicht einmal von Buße und Vergebung die Rede, trotzdem spiegelt jeder Augenblick ihrer Begegnung genau das wider.

Als Petrus nach der Verleugnung bitterlich geweint hat – was hat er da wohl gedacht? »Das war's jetzt. Nie mehr wirst du für Gott unterwegs sein. Für seinen Auftrag kann er dich wohl kaum gebrauchen.« Aber Jesus erneuert den Auftrag, den er Petrus gegeben hat. Und er tut es mit der Frage:

> Jesus sagte zu Simon Petrus: »Simon, Sohn des Johannes, liebst du mich mehr als irgendein anderer hier?«
> Er antwortete ihm: »Ja, Herr, du weißt, dass ich dich lieb habe.«
> Da sagte Jesus zu ihm: »Führe meine Lämmer zur Weide!«

Aus »Hast du mich lieber?« wird: »Du weißt, dass ich dich lieb habe.«

Der eigene Einsatz, die Selbstüberschätzung, wird abgelöst durch eine Liebe, ein Vertrauen – ja eine Gnade und Barmherzigkeit, die Jesus selbst Petrus schenkt.

Was hätte Jesus ihn alles fragen können – haben Sie schon einmal drüber nachgedacht? Was würden Sie jemanden in einer solchen Situation fragen? Wie begegnen Sie Menschen, die Ihnen erzählen, dass sie gescheitert sind? Wer ganz aus dieser Barmherzigkeit und Wiedergutmachung Gottes lebt, sieht sich selbst und die Menschen anders. Jesus liebt mich dort besonders, wo es nicht gelingt. Seine Liebe hat das erste und das letzte Wort über meinem Leben. Und wem viel vergeben wird, der liebt auch viel (Lukas 7,47).

Gott lieben – für die Menschen da sein

Wie werden wir fähig, andere Menschen zu begleiten? Überlegen Sie einmal einen Augenblick, wie wir in unseren Kirchen und Gemeinschaften Menschen einladen. Was spielt da eine Rolle? Wonach fragen wir zuerst? Was befähigt mich für meine Aufgaben in der Gemeinde? Natürlich helfen handfeste Kompetenzen. Aber das, was die Menschen erreicht, sind die Erfahrungen, die mich in der Tiefe meines Herzens geprägt und verändert haben. Das, was mich fähig macht, sind auch meine Kämpfe und Zweifel, die zeigen: Ich bin nicht mit allem fertig. Ich bin und bleibe angewiesen auf diesen liebevollen und barmherzigen Blick von Jesus. Ich bin nicht die große Macherin meines Lebens, das Entscheidende tut der, dem ich mich verdanke. Vorher hat Petrus mit aller Anstrengung versucht, ein besonders guter Jünger zu sein: oft an der Spitze, immer ein bisschen lauter und mutiger, ein wenig selbstsicherer als die anderen. Er musste lernen: Ich bin ein Helfer, der zuerst selbst Hilfe braucht.

Unsere Mitmenschen dürfen spüren, aus welcher Kraft wir leben, welche Zweifel uns manchmal durchschütteln, woher wir unsere Hoffnung nehmen. Ich möchte erkennbar sein in meinem eigenen Angewiesensein auf Jesus, in meinem Vertrauen auf seine liebende Güte und in der Gewissheit seiner Vergebung.

Bilder, die helfen, weiter zu glauben

Wenn ich im Urlaub morgens früh die Stille am Meer genieße, dann spült das manche Fragen und Gedanken hoch. Darunter diese beiden: Was ist aus meinem Leben geworden? Und was darf noch werden? Nicht wehmütig, gar nicht.

Manches, sogar vieles hätte ich mir so nicht vorgestellt. Was lag da alles nicht in meinem Horizont! Aber es ist gut geworden – sogar der Schritt als Nordlicht zu den Schwaben. Und ich habe viel Grund, von Herzen dankbar zu sein. Manche Spannung gehört zu meinem Leben. Perfektionismus ist ein Teil davon. Was aber überwiegt, ist: Trotz alledem ist es gut geworden.

Dankbar bin ich für meine Wurzeln, da ist viel Wertvolles dabei. Und die Schmerzen, die es mir oft schwer gemacht haben, gehören ebenfalls dazu. Wie oft habe ich sie weggewünscht, unter ihnen gelitten. Um dann festzustellen: Sie sind es, die ein Leben – mein Leben – vertiefen und die uns zutiefst miteinander verbinden. Sie helfen uns, uns in unserer Gebrochenheit wahrzunehmen. Einfacher geht es nicht. Auch das ist Teil der Wahrheit.

Ohne mich direkt mit diesen Menschen zu vergleichen: Was wären Henry Nouwen, Jochen Klepper, Teresa von Ávila, Schwester Teresa Zukic oder Sabine Nägeli ohne ihre Fragen, Grenzen, Nöte und Sehnsüchte? Wer wäre ich, wenn es das alles in meinem Leben nicht gäbe?

Doch wie unterschiedlich gehen Menschen damit um! Umarmen und versorgen – ist das der Weg? Zumindest ist es mein Weg, den ich gehen möchte. Und es ist der Weg, auf dem bei mir etwas heil geworden ist und der mich vermutlich mehr mit anderen verbindet als alle Stärken und Gewissheiten.

Danke, Jesus, dass du auf allen diesen Wegen, Ängsten und Schmerzen nicht von meiner Seite gewichen bist. Danke für die Menschen, die du mir zur Seite gestellt hat – die Tränen getrocknet haben und mich haben wachsen lassen. Danke für alle Gebete der Urahnen, Großeltern, Eltern und Paten. Danke für einen Ort, an dem ich ein Zuhause finden konnte. Danke für alle Gaben und Herausforderungen, die du mir anvertraust. Und danke für neue Bilder, die mir helfen, weiter zu glauben. Amen.

Neue Bilder für meinen Glauben

Seit einigen Jahren findet man auf Büchertischen mehr oder weniger kitschige Karten mit dem Titel: »Du bist eine Königstochter!« Meinen Geschmack treffen sie nicht. Bin ich zu pragmatisch? Als kleines Mädchen wollte ich nie die Prinzessin sein: Rosa Kleidchen, spitze Schuhe, still sitzen und lächeln waren nicht mein Ding. »Kaiserin Sissi« bildete da trotz aller Klischees eine Ausnahme. Vielleicht, weil sie trotz Rüschen so spontan und anders war – zumindest im Film. Aber mit dem Gedanken hinter den Königstochterkarten kann ich etwas anfangen: Als Kinder des höchsten Königs dürfen wir jederzeit zum Thron der Gnade kommen: »Darum lasst uns freimütig hinzutreten zu dem Thron der Gnade, auf dass wir Barmherzigkeit empfangen und Gnade finden und so Hilfe erfahren zur rechten Zeit« (Hebräer 4,16).

Der »Thron der Gnade« – wie stellen Sie sich diesen vor? Ich persönlich stelle mir gar nicht so sehr den Thron selbst vor, sondern alles, was dort passiert:

- Alle haben Platz.
- Niemand ist ausgeschlossen.
- Alles darf hier sein.
- Alles Ringen hat ein Ende.
- Wir dürfen alle mitbringen.
- Barmherzigkeit ist die Sprache, die hier gesprochen wird.
- Alle Nationen und Generationen finden sich hier ein.
- Jeder ist willkommen – auch die, die sonst nichts gelten.
- Niemand muss mehr besonders auf sich aufmerksam machen, um gesehen zu werden.

Wie wäre es, wenn das keine Zukunftsmusik, sondern heute schon Wirklichkeit ist? Wie wäre es, freimütig hinzuzutreten zu diesem Thron der Gnade? Wie wäre es, andere dorthin einzuladen: Enttäuschte, Einsame, Verbitterte, Junge, Alte, Kranke, Rastlose, Erfolgreiche, Nahe, Ferne?

Ab und zu werde ich mit dem Satz konfrontiert: »Die Menschen hören nicht mehr auf die Botschaft von Jesus. Es interessiert niemanden mehr.« Nein, das glaube ich nicht. Warum? Weil wir in aller Unterschiedlichkeit Sehnsüchte teilen. Und eine davon ist: sein zu dürfen und gesehen zu werden. Genau dazu lädt er ein, der Thron der Gnade.

Zum Thron der Gnade passt ein weiteres Bild, das für mich in den letzten Jahren wichtig geworden ist: »Mutterschoß«. In Psalm 103,4 heißt es: »... der dich krönet mit Gnade und Barmherzigkeit.« Das hebräische Wort für Barmherzigkeit ist verwandt mit dem Wort für »Mutterschoß«. Geborgener geht es nicht als ein Kind im Mutterschoß. Und nun sagt die Bibel: So ist Gott. Und diese Geborgenheit gibt er auch mir.

Rembrandts Rückkehr des verlorenen Sohnes

Ich weiß nicht, wie es Ihnen geht, ob Sie spontan einen Zugang haben zu solchen Bildern. Für mich gewinnen sie zunehmend an Bedeutung. Wie die »Vaterarme« in Rembrandts Gemälde »Die Rückkehr des verlorenen Sohnes«.

Vor einigen Jahren habe ich mir eine Kopie dieses Bilds zum Geburtstag gewünscht und nun hängt es über meinem Schreibtisch. Je nachdem, wie das Licht durch die Fenster fällt, wird der eine oder der andere Teil ausgeleuchtet.

Wie viel eigene Sehnsucht Rembrandts wohl in diesem Bild steckt? Für mich ist es zugleich fremd und doch nah. Und ich finde mich in diesem Bild wieder – als Erstgeborene besonders in dem älteren Sohn. Aber ich möchte mir die Worte des Vaters gefallen lassen: »Mein lieber Junge (mein liebes Kind), du bist immer bei mir. Und alles, was mir gehört, gehört dir« (Lukas 15,31; BB).

- Welche Bilder helfen Ihnen, den Glauben zu erfassen?
- Zu welchen Bildern kehren Sie oft zurück?

Für mich sind es die Bilder, die eine Wirklichkeit beschreiben, nach der ich mich sehne, auch dort, wo ich sie noch nicht richtig erfasse. Sie sind so etwas wie ein »Lebensboden« geworden, zu dem ich immer wieder zurückkehre.

Manche oder mancher braucht vielleicht keine Bilder. Aber ich merke beim Nachsinnen darüber, wie sie mir helfen, zu erfassen, was nicht völlig zu fassen ist.

Gespannt bin ich, welche Bilder in den nächsten Jahren vielleicht für mich noch dazukommen oder wie sich die Bilder, die mir jetzt wichtig sind, verändern. Dankbar bin ich für die, die mir geschenkt wurden. Und ich will offenbleiben und weiter lernen.

Weiter lernen

Warum bleiben die einen lebendig, interessiert und es macht Lust, mit ihnen zu reden, während andere sich mit ihren Erkenntnissen zur Ruhe gesetzt haben? So manchem strahlt die Langeweile aus allen Poren. Wie kommt das – und, vor allem, was hilft und lockt, es anders zu machen? Wie möchte ich älter werden? Was kann ich noch lernen und welche Bereiche sind mir heute wichtig?

Mit weiter lernen meine ich nicht in erster Linie eine neue Fremdsprache, ein Seniorenstudium oder Kurse bei der Volkshochschule, obwohl ich glaube, dass uns im »dritten Drittel« unseres Lebens auch solche Herausforderungen guttun können. Ich war ja selbst schon weit im »zweiten Drittel«, als ich mit Anfang vierzig nach einer Hochschulzugangsprüfung ein Studium der Diplompädagogik begonnen habe. Grundsätzlich finde ich also Weiterbildung und lebenslanges Lernen gut. Aber für das »dritte Drittel« ist »weiter lernen« für mich vor allem eine übergreifende Lebenshaltung:

- Was möchte ich noch dazulernen?
- Was möchte ich spätestens jetzt ver-lernen?
- Wovon möchte ich mich auf Nimmerwiedersehen verabschieden? Von welchen Ängsten und selbst gesteckten Grenzen?

Während ich das schreibe, sind wir im Sommerurlaub auf der Insel Hvar in Kroatien. Sveta Nedelja ist ein kleiner, lauschiger Ort an der Küste. Leider ist er nur durch den gruseligsten Tunnel zu erreichen, durch den ich jemals gefahren bin: rauer, kantiger Fels links und rechts, niedrig und unbeleuchtet. Man muss also schön vorsichtig in der Mitte fahren – und das für ca. 1,5 Kilometer. Und siehe da, wir haben es geschafft – wobei ich dazu nicht sehr viel beigetragen habe. Aber immerhin hat meine ausgeprägte Platzangst uns nicht ausgebremst – ich bin mitgefahren.

Am nächsten Tag triggert dann eine gegenteilige Phobie: Höhenangst. Und wie. Mein Mann schlägt eine Wanderung an der Küste vor, unterhalb der Straße. Während andere im Liegestuhl ihren ersten Aperol schon am Morgen genießen, stapfen wir zwei munter los. Zunächst führt der Weg am Meer entlang, auf befestigten Wegen. Dann kraxeln wir zwischen den Felsen weiter, nicht bequem, aber okay. Schließlich landen wir bei einer Hütte am Hang bei einem Pärchen, das dort fernab aller Zivilisation eine nette Zeit verbringen will. Als wir ihnen sagen, wohin wir wollen, antworten sie: »Der Weg führt hier hoch, aber in die Richtung sind wir noch nie gegangen.« »Klappt das auch für mich?«, frage ich den jungen Mann skeptisch. »Ja, bestimmt!«

Auch wenn mir nicht wohl bei der Sache ist, gehen wir weiter. Bloß nicht runterschauen. Mann, ist das rutschig! Irgendwann kommen wir oben an und unsere Navi-App weist uns nach rechts. Dann ist auf einmal Schluss. »Ich glaube, wir müssen umkehren«, meint mein Mann. Na toll! Es ist schlimmer als hinauf, denn nun weiß ich ja, was mich erwartet. Aber es nützt nichts. Irgendwie kommen wir heil zurück.

War der Aufstieg umsonst, weil der Weg nicht weitergeführt hat? Nein, ich glaube nicht. Denn unterwegs habe ich mehrmals gedacht: »Es ist möglich, meine Grenzen zu überwinden.«

Und was soll ich sagen: Aller guten Dinge sind drei! Am Nachmittag bauen wir mein neues Stand-up-Paddle auf. Munter mache ich mich daran, es auszuprobieren. Mehr oder weniger motivierende Rufe meines Ehemanns begleiten mich dabei und ein kleines Video wird gedreht. Als wir es später anschauen, ist es ziemlich verwackelt, und ich bin oft nur halb zu sehen, weil er immer mal wieder gucken wollte, wie es mir geht.

Zwischen den noblen Jachten hindurch paddle ich Richtung offenes Meer. Dazwischen ermunternde Rufe vom Ufer: »Stand-up-Paddle, mein Schatz – nicht Sit-down-!« Na, der hat gut reden, es wackelt wie verrückt.

Zwar mit nassem Hintern, aber immerhin ohne Sturz ins Meer erreiche ich einige Zeit später wieder das Ufer. Einmal mehr mit der Erkenntnis: Manches sieht leichter aus, als es ist. Und: Ein See hat weniger Wellengang als das Mittelmeer an einem windigen Tag. Aber ich habe es versucht – und werde es wieder versuchen, Neues auszuprobieren.

Ist Neues versuchen also vor allem etwas Aktives? Einerseits schon. Aber im Urlaub wird mir noch einmal deutlich, dass das nicht alles ist. Weiter lernen möchte ich – unbedingt. Nur was brauche ich dafür? Nicht einfach nur losstürmen, um irgendetwas zu tun. Was hilft mir dabei, mein Herz und meine Seele zu öffnen für das, was wirklich wichtig ist? Fängt etwas Neues nicht damit an, dass ich einmal zurücktrete und schweige?

Vom Schweigen und Hören

Am Anfang war das Schweigen

»Wie willst du das denn schaffen?«, meinte unsere Tochter, als ich vor über zehn Jahren zu meinen ersten Schweigetagen auf den Betberg bei Freiburg[31] gefahren bin, einem kleinen Haus der Stille inmitten von Weinbergen und mit Blick auf die Vogesen. Ich wusste es auch nicht, aber in einer Phase der Neuorientierung wollte ich es versuchen.

Ich komme aus einer sehr kommunikativen Familie – und das leben wir auch mit unseren Kindern so. Wir erzählen alle gerne und viel. Wer etwas sagen will, muss schon aufpassen, damit er zu Wort kommt. Bei uns ist es nie langweilig, kaum sind wir zusammen, wird heiß diskutiert. Dabei wird es auch persönlich, und wir teilen, was uns beschäftigt. Was die meisten weniger gut können, ist zuhören. Vielleicht haben alle deshalb Partnerinnen und Partner gewählt, die an dieser Stelle eine große Stärke haben – aber das ist noch mal ein anderes Thema.

Je älter ich werde, desto mehr schätze ich es, zu schweigen und zu hören. Und vermutlich ist es vor allem der fröhlichen und freundlichen Art von Pfarrer Hanspeter Wolfsberger zu verdanken, dass ich mich damals auf dem Betberg darauf einlassen konnte. Immer wieder betonte er: »Jeder darf, und keiner muss. Sie entscheiden, was Ihnen guttut!« Es hat mir so gutgetan, dass ich sogar mehrmals dort war. Und ich lerne, je länger, je mehr, welcher Schatz darin verborgen liegt: Schweigen und Hören.

Aber Schweigen üben lebt ja nicht von Highlights, sondern – zumindest für mich – von einer Regelmäßigkeit im Alltag. Die

Zeit des Familientrubels liegt jetzt schon einige Jahre hinter uns, aber selbst wenn es äußerlich still ist, kann es in meinem Herzen und meiner Seele laut sein. Deshalb habe ich es mir angewöhnt, bevor ich lese oder bete, erst einmal dazusitzen und zu schweigen. »Ich bin da, Gott. Und du bist auch da.« Dabei atme ich ruhig ein und aus. Es dauert oft eine Weile, bis der innere Lärm zur Ruhe kommt. Aber dann spüre ich, wie gut mir das tut und wie sich etwas sortiert.

Um mich im Vielerlei nicht zu verlieren, bete ich oft mit folgender Liedstrophe:

Gott des Himmels und der Erden,
Vater, Sohn und Heilger Geist,
der es Tag und Nacht lässt werden,
Sonn und Mond uns scheinen heißt,
dessen starke Hand die Welt,
und was drinnen ist erhält.[32]

Die Regel des Heiligen Benedikt

Es ist früher Morgen und ich sitze unter Bäumen mit Blick auf das Mittelmeer. Um mich herum ist noch alles ruhig, nur das Meer rauscht leise. Ein Ort zum Schweigen und Hören. Auf einmal fällt mir ein kleiner Chorus ein, den ich aus dem Mittagsgebet im Stift Urach kenne: »Schweige und höre, neige deines Herzens Ohr, suche den Frieden.« Zum Mittagsgebet, also auf der Höhe des Tages, geschieht diese Erinnerung. Was ist damit gemeint? Und wieso ist es mir auf einmal so wichtig, auch als Grundlage an diesem Übergang meines Lebens, noch einmal auf diese Weise weiter zu lernen?

Über diesem Chorus – »Schweige und höre, neige deines Herzens Ohr, suche den Frieden« – steht im Gesangbuch: »Aus der Regel des Heiligen Benedikt«. Diese Regel ist ca. 540 n. Chr. entstanden und will eine Klostergemeinschaft so führen, dass sie menschlich und geistlich gelingt, indem die Liebe zu Gott in allem gefördert wird. Obwohl die Sätze dieses Chorus so wortwörtlich nicht in dieser Regel vorkommen, sind es die drei Schritte, die für ein gelungenes menschliches und geistliches Miteinander wichtig sind:

- Schweigen üben
- mit dem Herzen hören
- aktiv den Frieden suchen

Schweige und höre

Schweigen und hören übe ich auch in Gesprächen noch einmal neu ein. Wobei ich mir nicht sicher bin, ob andere es bemerken.

Wie ich das mache? Indem ich versuche, innerlich nicht immer »auf dem Sprung« zu sein, um jede Lücke, die sich mir bietet, zu nutzen. Stattdessen möchte ich auch mal abwarten. Ich sage mir selbst: »Ja, ich habe einen Gedanken, den ich jetzt gerne beitragen würde. Aber nein, ich warte erst einmal ab und höre zu. Wer weiß, was sich daraus ergibt?« Und siehe da, ich lerne noch einmal etwas Neues.

Vermutlich würden andere sagen: »Na, zur *Dauerschweigerin* bist du aber noch nicht geworden.« Aber auch kleine Schritte führen zum Ziel.

Mit dem Herzen hören

»Neige deines Herzens Ohr« – was für ein schönes Bild! Gerne würde ich es zeichnen können – aber vielleicht hilft es schon, es sich vorzustellen: ein Ohr am Herzen zu haben. Wie gut tut es mir, wenn mir ein Mensch zuhört – so richtig. Und wie anstrengend ist es, mit jemandem zu reden, bei dem schon am Gesicht abzulesen ist, dass er oder sie »auch redet, wenn er schweigt«. Kennen Sie das?

Der Chorus lehrt mich, dass ich einem Menschen, einer Sache – ja sogar Gott selbst – mein Ohr zuneigen kann.

Aktiv den Frieden suchen

Um die Liebe zu Gott in allen Dingen aktiv zu fördern, brauchen wir konkrete Schritte. Ein bloßes Gedankenspiel verändert nichts. Die Suche nach Frieden ist echte Konfliktarbeit und damit alles andere, als in einer weltabgeschiedenen Innerlichkeit zu versinken. Aber wenn wir im Schweigen und mit dem Herzen hören, sortiert sich etwas und motiviert zu konkreten Schritten.

Wenn dies schon im 6. Jahrhundert, zur Zeit des Heiligen Benedikt, wichtig war, wie viel mehr ist es das heute, im turbulenten 21. Jahrhundert! Von wie vielen Kriegs- und Krisengebieten sind wir umgeben, und wie nötig ist es, um Frieden zu bitten.

Aber das gilt ja nicht erst dort. Wie viele Kämpfe werden auf Social Media ausgetragen. Ich las von einer Journalistin, die bei einem Partygespräch auf einmal selbst darüber erschrak, wie sie auf Twitter (als der Kurznachrichtendienst noch so hieß) mit anderen Leuten umging. Das hat sie so getroffen, dass sie sich kurzerhand dazu entschied, ihren Account zu löschen. Und das, obwohl Twitter zu dieser Zeit für Journalisten sehr wichtig war.

Wie also gehen wir miteinander um? Wo trage ich zum Frieden bei? Und wie wäre es, mich täglich daran zu erinnern?

Leben mit neugieriger Nase – Lebenslanges Lernen

»Lebenslanges Lernen« ist ein Begriff aus der Erwachsenenbildung. Je nachdem, welche Beziehung ein Mensch zum Thema »Lernen« hat, wird er damit umgehen. Für die eine ist es eine spannende Herausforderung, für den anderen klingt es eher wie eine Drohung. »Lernen? Bloß nicht! Das ist erledigt.«

Andererseits lernen wir vermutlich ständig dazu, würden es vielleicht nur nicht konkret so benennen. Lernen ist ja mehr als der Englischkurs an der Volkshochschule. Allein die digitale Entwicklung der letzten Jahrzehnte hat uns herausgefordert, dazuzulernen. Schließlich gehöre ich zu einer Generation, die ohne Handy aufgewachsen ist und es überlebt hat. »Wie habt ihr euch ohne Handy eigentlich verabredet?«, hat unsere Tochter mal ziemlich erstaunt gefragt. »Na ja, wir haben am Telefon oder in der Schule etwas vereinbart, und dann waren wir zu dem Zeitpunkt einfach da!« »Und das hat geklappt?«

Richtig beeindruckt war ich vor Kurzem, als mir eine mütterliche Freundin mit 93 Jahren erzählt hat: »Weißt du, Christiane, ich lerne jeden Tag dazu. Jetzt im Alter gibt es noch mal neue Lektionen. Bei uns hat immer mein Mann den Ton angegeben, jetzt kann er nicht mehr, und wir müssen die Rollen tauschen. Das waren wir nicht gewohnt. Es ist täglich ein neues Lernfeld!« Eine solche lernende Haltung bis ins hohe Alter – das wünsche ich mir auch für mich selbst.

Andererseits muss man sicher nicht bei jeder Entwicklung aufspringen und mitmachen. Ich selbst gehöre bis heute tapfer zu den

Facebook-Verweigerinnen. Ich will einfach nicht. Manches muss ich nicht wissen und ich will mich auch nicht damit beschäftigen. Allerdings frage ich mich von Zeit zu Zeit immer mal wieder, welche Chancen darin liegen könnten. Wie will ich mich dazu verhalten, wenn die Menschen, mit denen ich in Kontakt sein will, nun mal dort sind?

»Leben mit neugieriger Nase«

»Leben mit neugieriger Nase« heißt für mich nicht, sie in Dinge zu stecken, die mich nichts angehen – so wie es die sprichwörtliche Nachbarin tut, die besser weiß, was bei einem los ist, als man selbst. Für mich bedeutet eine »neugierige Nase«, Interesse zu zeigen. Nicht aufzuhören, mich für die Welt und die Menschen zu interessieren. Menschen und Situationen in ihrer Vielfalt wahrzunehmen, nicht nur diejenigen, die ich schon kenne. Es wirklich wissen zu wollen. Dieser Blick hilft, meinen kleinen Rahmen zu sprengen. Beweglich zu bleiben. Etwas auszuprobieren.

Eine ältere Dame sagte einmal zu mir: »Wissen Sie, es gibt keinen Menschen, von dem Sie nicht etwas lernen könnten. Glauben Sie mir! Aber dafür müssen Sie manchmal schon etwas genauer hinsehen.«

Stimmt das? Welche Situationen fallen mir dazu ein? Und wo spielt mir mein »gedanklicher Schubladenschrank« einen Streich und hält mich davon ab? Wenn die entsprechenden Schubladen aufspringen und ich Menschen dort einsortiere, dann war's das mit dem Lernen.

Auf einer Zugfahrt wollte sich ein eher rustikal gekleideter Mann neben mich setzen. Schnell rückte ich Richtung Fenster und machte ihm Platz. Er zog einen kleinen, etwas zerknitterten Zettel aus der Tasche. Auf meinen fragenden Blick hin meinte er: »Ich schreibe mir immer Zeiten, Zugnummer, Wagen und Sitzplatz auf einen Zettel. Wer kann sich das schon merken. Und die Fahrkarte habe ich in der Tasche. Das ist richtig praktisch.« Tja, ich fahre auch immer noch mit ausgedrucktem Online-Ticket – und dreimal dürfen Sie raten, was ich seither auf Reisen in der Manteltasche habe. Ich habe etwas gelernt, wo ich es nicht erwartet hatte.

Nicht alles, was wir beobachten, sollten wir umsetzen. Manches kann eher als negatives Beispiel dienen. Aber die Haltung dem Leben und vor allem den Menschen gegenüber, dass ich immer etwas lernen kann, ist ein Weg, der in eine neue Weite führt. Es hängt von uns ab, ob wir es zulassen oder ob es so laufen muss wie immer. Wo kann jemand den gewohnten Rahmen durchbrechen – und siehe da, es ist eine Bereicherung.

Unser Schwiegersohn bringt beispielsweise Neues in unsere Familie, die in vielem eher geplant und strukturiert ist: Genießen in den kleinen Alltäglichkeiten, das kann er viel besser als wir. Wenn er einen Kaffee zubereitet, müssen alle länger darauf warten als bei der vollautomatischen Maschine. Aber wenn der Kaffee dann fertig ist, ist es ein Hochgenuss. Er kauft auch ab und zu etwas günstig bei »Kleinanzeigen« oder kann es sogar kostenlos abholen und entdeckt dabei richtige Schätze. Ich könnte mich dem verschließen, aber es bereichert uns, deshalb will ich es nicht nur zulassen, sondern wirklich aufnehmen als etwas, was meinen Rahmen weiter macht. Ich lerne immer wieder: »Es geht auch anders, als ich gedacht habe.«

Räume eröffnen für andere – Räume eröffnen für mich?

Mit dieser lernenden Haltung eröffnen wir automatisch Räume in unserem Leben. Sie hilft, beweglich zu bleiben und dazuzulernen. Und irgendwie kommt das Lernen dann unter einem anderen Vorzeichen daher.

Nötig dafür ist aber, hin und wieder auch bewusst Türen zu öffnen – und dafür ist ein kleiner Paradigmenwechsel nötig. Lernen hat auf Anhieb nicht immer einen guten Ruf. Etwas können ja – aber üben? Wenn es nicht gleich klappt, habe ich mich dann blamiert? Kann man das: ausprobieren? Es einfach mal versuchen?

Vieles in dieser Welt hätte nicht funktioniert, wenn es nicht Menschen gegeben hätte, die es versucht und anderen etwas zugetraut hätten. Die sie ermutigt haben: »Versuch's noch einmal.«

Ein Kollege von mir war als Kind oft in der Werkstatt seines Vaters. Schon als kleiner Junge durfte er die großen Maschinen benutzen. Sein Vater hat es ihm zugetraut. Dieses Zutrauen hat ihn geprägt und ermutigt, immer wieder etwas zu versuchen.

Dagegen meinten neulich unsere erwachsenen Kinder: »Wir durften bei dir in der Küche nicht wirklich etwas ausprobieren. Du warst immer so ordentlich!« Im Rückblick finde ich das schade, und noch heute fällt es mir schwer, meine Küche anderen zu überlassen. Aber ich möchte nicht, dass das so bleibt. Deshalb habe ich es an Weihnachten einmal ausprobiert, und siehe da: Es ist möglich! Und nicht nur das, es ist sogar richtig gut gelungen. Dazulernen – das gilt nicht nur für die anderen, sondern auch für mich! Dabei hilft es, wenn andere mir Rückmeldung geben dürfen, wie es meine Kinder getan haben.

Und noch etwas habe ich gerade in den letzten Jahren dazugelernt: Wir lernen miteinander und brauchen uns. Hinter manch sicherer Fassade sitzt doch nur ein Mensch, der sich freut, wenn andere ihn wahrnehmen und ermutigen. Mit einer jüngeren Frau habe ich überlegt, ob wir einen Instagram-Kanal für Frauen hinbekommen. Dafür habe ich sogar wacker einen Social-Media-Kurs besucht. Es wimmelt auf diesem Gebiet nur so an Herausforderungen. Inhaltliche Ideen habe ich schon -- aber wie bekomme ich die ins Netz, ohne unser Werk und mich selbst zu blamieren?

Meine Zweifel habe ich mit dieser jüngeren Frau geteilt und daraufhin schrieb sie mir: »Ich finde super, was du zusammengetragen hast. Vielleicht muss man sich bei diesem Thema einfach mal ins Abenteuer stürzen und weniger fragen: ›Kann es klappen?‹, sondern: ›Was kann schon schiefgehen?‹« Und ich lerne: Ja, genau so ist es! Ich muss es ausprobieren, sonst werde ich es nicht erfahren.

Und: Es ist gut, eigene Fragen und Zweifel transparent zu machen. Die sichere Fassade ist gar nicht nötig. Wir müssen nicht nonstop kompetent daherkommen, denn unsere Ängste und Fragen machen uns vermutlich deutlich nahbarer für andere. Und sie können andere ermutigen, selbst auch etwas auszuprobieren, obwohl es noch nicht perfekt ist.

Lernräume – Spielräume

Und wie wäre es, Lernräume auch als Spielräume zu begreifen? Gelernt habe ich dazu eine Menge durch den Bibliolog[33]. Der Bibliolog ist eine interaktive Form, einen Bibeltext nicht nur zu lesen, sondern miteinander zu erleben. Ich habe diese Methode entdeckt, als ich als Redakteurin und Referentin für den Bibellesebund gearbeitet habe. In dieser Zeit hat mich oft die Frage beschäftigt: Wie finden Menschen einen neuen und frischen Zugang zu biblischen Geschichten? Wer schon im Kindergottesdienst Jesus-Geschichten gehört hat, weiß irgendwann Bescheid – oder glaubt zumindest, Bescheid zu wissen. Worauf die Geschichte hinausläuft, scheint klar – meistens sogar, was man damit anfangen soll und was die korrekte Umsetzung wäre.

In eine solche Situation frischen Wind hineinzubringen, ist gar nicht so leicht. Aber dann habe ich den Bibliolog entdeckt. Zuerst dachte ich: Das mache ich für die anderen. Aber letztlich habe ich selbst unglaublich viel dabei gelernt, denn beim Durchführen eines Bibliologs werde ich selbst überrascht – jedes Mal neu. Und das bleibt auch so, wenn wir mehrmals dieselbe biblische Geschichte miteinander erleben. Inzwischen bilde ich selbst Menschen für die Anwendung des Bibliologs aus und auch hier lerne ich immer wieder dazu.

Eine Entdeckungsgeschichte – und meine persönliche Lern-Geschichte. Gelernt habe ich, zu hören, wirklich hinzuhören auf das, was andere sagen. Im Bibliolog geht es nicht um Richtig oder Falsch, sondern um persönliche, spontane Wahrnehmungen. Diese werden geteilt, aber nicht bewertet. Wir teilen miteinander, was wir im Bibeltext entdecken und beim gemeinsamen Hören erleben – und damit »predigen« wir gewissermaßen »mit der ganzen Gemeinde«. Ich selbst habe mehr und mehr gelernt, loszulassen und dem zu vertrauen, was durch das Miteinander entsteht. Der Bibliolog funktioniert nur, wenn ich es nicht kontrollieren möchte. Und das, wo Kontrolle doch so etwas wie mein zweiter Vorname ist. Kontrolle hat mir vermeintliche Sicherheit gegeben, doch hier muss ich sie loslassen – und siehe da: Es geht.

Es geht nicht nur, sondern ich mache damit sehr berührende Erfahrungen. Diese Art und Weise, der Bibel zu begegnen, befreit mich davon, selbst möglichst originell sein zu müssen. Es geht schlicht darum, Räume zu eröffnen – und damit vor allem einen Raum für die Begegnung mit Jesus selbst. Manchmal kommt es mir so vor, als ob wir tatsächlich »heiligen Boden« betreten. Wir dürfen dabei sein, wenn Gott persönlich zu Menschen spricht, und darauf vertrauen, dass sein Wort nicht leer zurückkommt (Jesaja 55,11).

Auch in der Ausbildung von anderen lerne ich selbst etwas dazu, denn jede und jeder findet sich mit seiner Art, zu leiten und zu lehren, in dieser Form wieder. Es ist großartig, Menschen zu ermöglichen, ihre ganz eigene Art und Weise zu entdecken, einen Bibliolog zu gestalten. Eine ganz besondere Erfahrung war für mich, als unsere Tochter vor einigen Jahren bei mir den Kurs besuchte. Wir hatten vermutlich beide gehörigen Respekt vor dieser Situation. Vorab meinte ich zu meinem Mann: »Ob das wohl klappt?« Daraufhin antwortete er: »Sie ist vermutlich noch aufgeregter als du.« Keine Ahnung, ob er recht hatte. Am Ende war es für uns beide eine schöne Erfahrung. Jede von uns war »sie selbst« und hat ihre Rolle im Kurs gefunden.

Aber ich habe als Trainerin auch Lehrgeld bezahlt. Manches musste ich durch Versuch und Irrtum lernen. »Umgang mit schwierigen Teilnehmenden« ist ein Thema in der Erwachsenenbildung, und wir können in fast jedem Kursgeschehen etwas davon erleben.

Eine Form der Bibelbegegnung, die davon lebt, dass ich als Person vorkomme, zeigt auch für alle sichtbar eine Menge von mir selbst. Das bedeutet, dass sowohl Stärken als auch Grenzen erkennbar werden. Ob jemand eher zurückhaltend, dominant, strukturiert oder kreativ chaotisch ist – hier zeigt es sich. Das kann gut sein, aber auch zu viel werden. Deshalb ist es hilfreich, das in einem geschützten Rahmen zu bemerken.

Heute bin ich froh, dass ich als Trainerin weitergemacht habe, als es schwierig wurde. Denn was ich hier erlebe, hat meinen Horizont geweitet. Das gilt übrigens auch für das überkonfessionelle Netzwerk Bibliolog. Das, was uns sonst oft in getrennten Welten unterwegs sein lässt, spielt hier zunächst keine Rolle. Gemeinsam haben wir das Anliegen, Menschen auf diese Weise einen Zugang zum Wort Gottes zu eröffnen. Auf den zweiten Blick treten Unterschiede dann natürlich doch zutage und manchmal ist es ein Ringen um den gemeinsamen Weg.

Seit einigen Jahren findet der Bibliolog auch weltweit Verbreitung. Auf einer internationalen Konferenz habe ich einen Bibliolog erlebt, der von einer Nonne aus Kenia gehalten wurde. Ein ganz besonderer Moment.

Im Bibliolog bekommen außerdem Menschen eine Stimme, die sonst oft überhört werden: Am Ende eines Frauenwochenendes kam eine Frau auf mich zu, die offensichtlich in manchem eingeschränkt war. Ich werde wohl nie vergessen, wie sie zu mir sagte: »Frau Rösel, ich habe an diesem Wochenende das erste Mal etwas laut in der Öffentlichkeit gesagt. Vielen Dank dafür – das war eine so schöne Erfahrung!«

Räume zu eröffnen, damit Menschen eine Stimme bekommen. Schöner kann man es wohl nicht sagen.

Lernen im Schutzraum der Barmherzigkeit

Ich kenne diese Frau gar nicht, obwohl sie gefühlt meine Kindheit – vor allem meine Schulzeit – geprägt hat wie kaum eine andere: Hannelore Kasprowicz! Und ich bitte jetzt schon um Entschuldigung, wenn sie das hier einmal lesen sollte.

Immer wenn meine Mutter als Kind aus der Schule kam und das Ergebnis so lala war, hat sie ihre Noten mit den Worten präsentiert: »Ich habe eine Drei, aber Hannelore Kasprowicz hat nur eine Drei minus.« »Hannelore Kasprowicz« wurde in meiner Familie zu einem geflügelten Wort. Und nicht nur das, sie hat es auch in die nächste und übernächste Generation geschafft.

Wieso brauchen wir eine »Hannelore Kasprowicz«? Warum können wir nicht einfach sagen: Eine Drei ist doch »befriedigend«, also prima. Wieso muss es mehr sein, und woher kommt es, dass Lernen sehr schnell vor allem Vergleichen bedeutet?

Noch ein Satz hat meine Schulzeit geprägt: Während der Grundschulzeit war ich viel krank und habe so manche Stunde versäumt. Dadurch habe ich so etwas wie eine »mathematische Nicht-Begabung« entwickelt. Heute befürchte ich, dass sich die auch vererben lässt ...

Mein Vater arbeitete zu dieser Zeit bei der Vereins- und Westbank, daher musste er mit mir üben. Das war für uns beide kein Vergnügen: für ihn nicht, weil ich es einfach nicht verstand. Manchmal nickte ich dann einfach, um fertig zu werden, aber kapiert hatte ich es nicht. Für mich war es auch nicht lustig, weil seine pädagogischen Fähigkeiten in dieser Hinsicht, sagen wir mal, nicht so stark ausgeprägt waren. Irgendwann rief er voller Entsetzen: »Meine Güte, man hat seinen Kopf doch nicht nur zum Haareschneiden!« Nun liegt diese Zeit eine gefühlte Ewigkeit zurück, aber bei Maßeinheiten wie Zentner und Tonne komme ich heute noch ins Schwitzen. Viel schwerwiegender ist aber etwas anderes, das ich aus dieser Zeit mitgenommen habe, nämlich die Erfahrung: Ich kann es nicht. Auch wenn ich mich anstrenge, irgendwie schaffe ich es nicht.

Nun komme ich heute mit dem, was ich an Mathematik brauche, ganz gut zurecht. Wie könnte es aber gelingen, »im Schutzraum der Barmherzigkeit« miteinander weiter zu lernen, auch an den Stellen, wo es uns noch schwerfällt? Wie vieles könnte das eröffnen und ermöglichen? Und wie wäre es, Fehler nicht als ultimative Katastrophe zu sehen, sondern als eine Möglichkeit, dazuzulernen? Was hält uns eigentlich davon ab?

Ich weiß nicht, was es bei Ihnen ist, aber für mich ist es eindeutig mein Perfektionismus. Deshalb will ich unter allen Umständen Fehler vermeiden – und schon gar nicht dabei ertappt werden, dass mir was danebengeht. Das führt dazu, dass ich mich oft doppelt und dreifach anstrenge. Ich will meine Sache nicht nur gut, sondern am liebsten sehr gut machen. Und vermutlich überträgt sich das viel mehr auf andere und wie ich ihnen begegne, als ich es bemerke.

Perfektionismus ist ein Schutzschild, den wir uns im Laufe unseres Lebens zulegen. Und es ist die Überzeugung: Wenn wir perfekt aussehen, leben und handeln, werden wir anerkannt und verringern oder vermeiden den Schmerz von Schuldzuweisungen und Scham.

Wie kommt es zu so irrigen Überzeugungen, die dafür sorgen, dass wir diesen zentnerschweren Schutzschild zeit unseres Lebens mit uns tragen? Oft sind es Sätze oder Verhaltensmuster, die wir als Kinder gelernt haben. So wie eine Frau, Mitte siebzig, die nach einem Vortrag zu mir kam und erzählte: »Ich habe angefangen, mich von solchen Sätzen zu verabschieden.« Ihr Vater war sehr korrekt gewesen, deshalb hatte sie immer alles gerade und sehr ordentlich hingestellt. An einem Tag hatte sie dann aber den Schuhen im Flur einen Tritt gegeben und dazu gerufen: »Vati, jetzt ist Schluss!« Ihr Vater lebte schon gar nicht mehr, bekam also davon nichts mit. Aber für sie war es der Schritt, sich von Sätzen, die sie geknechtet hatten, zu verabschieden.

- Gibt es solche Sätze auch für Sie?
- Wenn nicht jetzt, wann wollen Sie sich dann davon verabschieden?

Was meinen Perfektionismus außerdem anstachelt, ist der Vergleich mit anderen. Vergleichen ist geradezu eine Einladung zum Unglücklichsein. Wie oft bin ich zufrieden mit meinem Leben, meinen Aufgaben, meinem Umfeld – und dann ändert sich das im Bruchteil einer Sekunde, weil ich anfange, mich zu vergleichen. Wie kann es gelingen, den Vergleich, wenn er sich meldet, wahrzunehmen, dann aber ziehen zu lassen? Wie kann ich den Vergleich loslassen – und meiner eigenen Kreativität Raum geben?

Wenn ich schon vergleichen will, dann doch bitte auch mit mir selbst und dem, was geworden ist und sich verändert hat im Laufe der Jahre!

Wie kann ich Unvollkommenheit umarmen – meine eigene und die von anderen? Wie kultivieren wir das, was wir brauchen, und lassen Dinge zurück, die uns daran hindern, vorwärtszukommen? Unvollkommenheit annehmen – oh ja, bitte! Und Räume schaffen – oder vielleicht einfach öffnen –, wo das echte Leben wachsen darf.

In Erinnerung an »Hannelore Kasprowicz« trete ich nicht mehr an zur Beurteilung. Deshalb muss ich auch nicht mehr vergleichen. Das gelingt nicht sofort – aber üben will ich diese Schritte für mich selbst und mit anderen. Ich will Lernräume, Spielräume und Freiräume eröffnen, in denen wir probieren dürfen. Was wir dort tun, ist eine »Übung«, keine »Könnung«. Im Schutzraum der Barmherzigkeit darf das Lernen wachsen.

Was Hänschen nicht lernt, lernt Hans eben später!

Dass ich Fragen mag, haben Sie wohl schon gemerkt. Wo immer ich hilfreiche Fragen entdecke, werden sie notiert. Auch auf meinem Weg, weiter zu lernen, helfen sie mir. Einige von ihnen lauten:

- Worauf vertraue ich – und wie behalte ich Gottvertrauen?
- Was wird meinem Leben jetzt zugetraut?
- Wie liebe ich meinen älter werdenden Körper?
- Gibt es etwas, das ich klären muss – und mit wem, damit es die Zukunft nicht belastet?
- Was möchte ich noch lernen? (Spontan würde ich sagen: neugierig bleiben und fotografieren.)
- Wie behält das Wort Gottes einen Resonanzraum in meinem Herzen?
- Könnte ich immer mehr sagen, was in mir ist, was ich denke und fühle, auch wenn andere es anders sehen – und würden auf diese Weise Transparenz, Stehvermögen und Selbstbewusstsein wachsen?
- Habe ich gut vorgesorgt: Patientenverfügung, Testament und Letzter Wille? (Ja!)

- Bin ich auf das Sterben vorbereitet? Hat mein Glaube im Laufe der Jahre und Jahrzehnte ein Netz ausgespannt zwischen Jesus und mir, das mich jetzt tröstet und auffängt?

Welche Fragen würden Sie ergänzen? Und wie können wir einander mit guten Fragen ermutigen und herausfordern?

Beim Lernen hilft auch ein Blick in die persönliche Geschichte und die damit verbundenen Veränderungsprozesse. Meine möchte ich Ihnen kurz vorstellen.

»Das lag in Ihrer Wiege, oder?«

Am Schluss eines Frauenwochenendes stand sie auf einmal vor mir und meinte: »Das mit dem Reden, Frau Rösel, das lag in Ihrer Wiege, oder?« Recht hat sie. Trotzdem weiß ich nicht genau, warum mir dieser Satz so nachgeht. Vermutlich weniger wegen ihrer Aussage über das Reden, sondern eher wegen des Bildes, das sie verwendet hat: »Das lag in Ihrer Wiege!« Ja, genau. Dafür musste ich nicht viel tun. Aber was lag da noch so alles? Einiges habe ich schon entdeckt, bei anderem bin ich noch dabei. Erinnerungen werden wach.

Vier Generationen

Da sehe ich mich auf dem Arm meiner Mutter auf einer Bank in Cuxhaven in der Elisabethstraße 1. Neben ihr meine Großmutter Erlen und meine Urahne, Oma Kludas. »Urahne, Großmutter, Mutter und Kind«, nicht in »dumpfer Stube«[34], wie es in der Ballade von Gustav Schwab heißt, sondern auf einer Bank beisammen. Was jede von ihnen wohl bewegt?

Nun bin ich die Jüngste im Bunde und habe erst im Laufe meines Lebens ein wenig davon verstanden, was die anderen jeweils geprägt hat. Und wenn ich es mir heute anschaue, ist es natürlich meine Sicht der Dinge. Was ich wahrnehme, ist nicht objektiv, im Sinne von: So ist es oder so war es! Gleichzeitig behält meine Wahrnehmung ihre Bedeutung. Und um solche Wahrnehmungen müssen wir uns kümmern, wenn wir Lasten nicht für immer mit uns herumtragen wollen.

Was nicht nur die Frauen der früheren Generationen gemerkt haben, sondern was auch andere gespürt haben, war: Sie hatten es nicht immer leicht miteinander, jeweils die Mutter mit der Tochter. Die äußere Not, die sie besonders in der ersten Hälfte des letzten Jahrhunderts erlebt haben, hat sie oft innerlich und vor allem im Umgang mit der eigenen Tochter hart gemacht. Dazu kommt, dass man in dieser Zeit solche Nöte in der Regel mit sich selbst ausmachte. Wie ein Mantel des Schweigens, der über alles gelegt wurde: Warum ist der Uropa nach dem frühen Tod seines Sohnes nach Amerika gegangen und wir wissen nicht, was aus ihm geworden ist? Wie hat meine Oma die fünf Fehlgeburten verkraftet, darunter einmal Zwillinge im achten Monat, während mein Opa als Soldat in Russland war? Und als er nach der Gefangenschaft wieder da war, lebte er als Pastor ganz für die Gemeinde. Sie alle waren gläubig. Aber das hat ihnen nicht geholfen, über ihre Herzensnöte, ihre Sehnsüchte zu reden. Und diese Last wurde – sicher nicht absichtlich – von einer zur Nächsten »weitergereicht«.

Wenn ich es heute benennen sollte, würde ich sagen, dass es so etwas wie eine Last des »ungelebten Lebens« gibt. Was man sich gewünscht hat, was aber nicht verwirklicht werden konnte. Heute, fast achtzig Jahre nach dem Ende des Zweiten Weltkriegs, wenn die Bilder aus dieser Zeit noch einmal in unseren Wohnzimmern Platz finden, können wir nur erahnen, wie viel ungelebtes Leben das ist. Wie viele Wünsche jäh zerstört wurden und welche Wunden das in den Menschen hinterlassen hat. Sie mussten stark sein. Das Leben irgendwie bewältigen – jeden Tag aufs Neue. Selbstverständlich ist es nicht angemessen, es heute rückblickend zu bewerten. Das steht uns nicht zu.

Trotzdem gibt es ja eine Last, die auch bei uns – bei mir – angekommen ist. Wir haben keine Verantwortung dafür, dass das so ist. Aber meine Verantwortung ist es, damit umzugehen und nicht zu meinen, das würde sich von selbst erledigen. Denn es gibt ihn ja, diesen Mechanismus, den ein Freund einmal so beschrieben hat: »Wenn mein Großvater mit seinen 93 Jahren den Raum betritt, schrumpft mein Vater auf die Größe eines Zwölfjährigen.«

Klein bleiben. Sich klein fühlen. Eine Grundangst: »Kann ich es Mutti recht machen?« – davon habe ich als Kind etwas gespürt, besonders auch im Verhältnis zwischen meiner Mutter und meiner Großmutter.

»Mache ich es richtig, mache ich es gut genug?« – diese Grundlebensfrage kenne ich auch aus meinem eigenen Leben. Und oft »springt« diese Frage in verschiedenen Situationen meines Lebens an, wie ein Ur-Mechanismus, den ich entwickelt habe. Erst eine konkrete Auseinandersetzung mit solchen Lasten öffnet den Weg in eine neue Freiheit. Es ist meist ein langer Weg. Auf diesem Weg der Versöhnung ist Begleitung durch Seelsorge oder Therapie hilfreich, oft auch notwendig, um Nöte auszusprechen und zu vergeben. Ich selbst habe es so erlebt.

Mittlerweile glaube ich, dass das unsere zentrale Lebensaufgabe ist: uns zu versöhnen. In jedem Leben gibt es Dinge, die nicht so sind, wie wir es uns gewünscht haben, und Umstände, in denen Menschen uns eine Last auferlegt haben. Das gilt auch dort, wo sie selbst nicht anders konnten. Daran werden wir nichts ändern. Was wir aber verändern können, ist, uns dem zu stellen. Eine für mich zentrale Bibelstelle ist hier Johannes 8,32: »Ihr werdet die Wahrheit erkennen, und die Wahrheit wird euch frei machen.«

Welche Wahrheit ist hier gemeint? Es ist die Wahrheit über Ihrem und meinem Leben, dass Gott uns geschaffen hat und liebt – mehr, als wir uns selbst lieben können. Und weil diese Wahrheit gilt, können wir uns auch der Wahrheit und Wirklichkeit unseres Lebens stellen. Der Wahrheit, die uns zugesprochen wird – aber auch den schmerzlichen Dingen unseres Lebens. Davon bin ich überzeugt, daran vorbei gibt es keine Versöhnung. Aber dieser Weg ist es auch, der in eine neue Freiheit führt.

Diese Schritte kann uns niemand abnehmen, nicht der Ehemann, die Ehefrau, gute Freunde oder die Kinder. Diesen Weg müssen wir selbst unter die Füße nehmen. Dann kann es aber auch passieren, dass Wunden heilen.

Wunde(r)

Als ich geboren wurde, haben meine Eltern für die Geburtsanzeige Psalm 77,15 ausgewählt: »Du bist der Gott, der Wunder tut!« Was sie damit wohl verbunden haben? Ganz bestimmt den Gedanken, dass jedes neue Leben ein Wunder, ein Geschenk ist. Wenn ich heute zurückschaue, würde ich sagen: Ja, das stimmt. Aber dann sind noch manche Wunder dazugekommen. Und eines der größten Wunder ist es vermutlich, wenn wir uns aussöhnen können und dann versöhnt sind mit Gott und den Menschen.

»Hänge an Wunde ein R, und freu dich über dieses Wunder!«[35] Zu diesen Worten von Hanna Buiting habe ich in Psalm 22 einiges entdeckt. Der Psalm beginnt mit einem Aufschrei: »Mein Gott, mein Gott, warum hast du mich verlassen?« (Psalm 22,2). Mit diesen Worten hat Jesus am Kreuz laut gebetet. Was muss es ihn gekostet haben? Die Trennung von seinem Vater war das Schmerzlichste, was er sich vorstellen konnte.

Im Buch des Propheten Jesaja finden wir die vertrauten Worte für das, was Jesus für uns getan hat:

> Fürwahr, er trug unsre Krankheit und lud auf sich unsre Schmerzen. Wir aber hielten ihn für den, der geplagt und von Gott geschlagen und gemartert wäre. Aber er ist um unsrer Missetat willen verwundet und um unsrer Sünde willen zerschlagen. Die Strafe liegt auf ihm, auf dass wir Frieden hätten, und durch seine Wunden sind wir geheilt.
> *Jesaja 53,4-5*

Jesus hat den Weg vorbereitet, dass wir mit dem Vater versöhnt werden. Aber er hat noch mehr getan: Er trug unsere Krankheit, unsere Schmerzen – unsere körperlichen und seelischen Nöte. Er weiß nicht nur darum, er hat sie auch getragen. Durch seine Wunden sind wir geheilt. Meine Verlassenheitsängste, meine Nöte, alle Krankheiten hat er getragen. Dafür hat er bezahlt. Da ist keine Rechnung mehr offen. Es ist alles gut zwischen uns.

Über viele Jahre habe ich diese Verse gelesen, aber eher einseitig verstanden. Es war für mich klar: Hier geht es um Bekehrung, dass ich Gott mein Leben anvertraue. Das ist die eine Seite. Aber es geht auch um Ihre und meine Nöte, Krankheiten und Schmerzen, die Jesus tragen will. Die er uns abnehmen möchte, damit wir durch seine Wunden heil werden. »Mein Gott, mein Gott, warum hast du mich verlassen?« Diese Gottverlassenheit hat er für uns ertragen, damit jetzt alles gut ist zwischen uns. Und dann stehen in diesem Leidenspsalm Jesu Verse, die in einer besonderen Art und Weise Urvertrauen und Lebenszuspruch beschreiben, die man hier nicht vermuten würde. Und doch gehört beides zusammen:

> Ja, du hast mich aus dem Mutterleib gezogen. An der Mutterbrust lehrtest du mich Vertrauen. Auf dich bin ich angewiesen seit meiner Geburt. Vom ersten Atemzug an bist du allein mein Gott!
>
> *Psalm 22,10-11; BB*

Vom ersten Atemzug an bist du allein mein Gott

Dieser Lebens-Zuspruch war schon da – vor allem anderen, was wir erleben werden. Dieser Lebenszuspruch ist wie ein Boden, der uns trägt – vom ersten Atemzug an. Etwas, was wir wissen, wenn wir christlich erzogen wurden – was wir dann aber Schritt für Schritt für Schritt mit unserem Herzen erfassen müssen, damit es uns trägt.

Viele Jahre meines Lebens – manchmal bis heute – hatte ich mit tiefen Verlassenheitsängsten zu tun. Weil ich als Kind viel krank war, gehörten regelmäßige und längere Krankenhausaufenthalte und »Kinderverschickung« zur Erholung für mich zum Standardprogramm. Das hat in meiner Seele Spuren hinterlassen, die sich unter Druck manchmal heute noch melden. Da tröstet mich dieser Lebenszuspruch, verbindet Wunden und eröffnet eine neue Perspektive. Die Ängste verlieren ihre Macht. Ich bin nicht alleine. Vom ersten Atemzug an bist du, mein Gott, an meiner Seite. Und dort bleibst du – bis zum letzten.

Vielleicht klingt das für Sie etwas zu leicht. Auch bei mir gibt es Momente, wo diese Wahrheit und Wirklichkeit meines Glaubens zugedeckt wird, zum Beispiel durch aktuelle Fragen und Nöte. Dann springen die alten Mechanismen wie von selbst wieder an. Dann muss ich mich erinnern lassen – und mich selbst aktiv daran erinnern, welche Wahrheit und Wirklichkeit das Sagen hat. Manchmal spreche ich es laut aus, denn das hilft mir, mich zu vergewissern: »Vom ersten Atemzug an bist du allein mein Gott!« Wenn ich alleine bin, singe ich es auch – einfach nur für mich. Zum Beispiel mit dem folgenden Lied von Hans-Joachim Eckstein:

> Vor dir werde ich still, da ich auf dich warten will.
> Wie ein kleines Kind bei seiner Mutter ruhig wird, bin ich still.
> Deine Liebe ist mein Leben, deine Treue ist mein Trost.
> Bleib bei mir, halte mich bei dir.[36]

Dieser Lebenszuspruch hilft mir, Stück für Stück loszulassen: Meine Sehnsucht loszulassen – wie schön wäre es gewesen, diese bedingungslose Liebe schon früher zu erfahren. Auch unerfüllte Sehnsüchte binden uns, vermutlich mehr, als wir ahnen. Deshalb will ich bewusst Ansprüche loslassen. Das ist ein langer Weg.

Diese wenigen Sätze beschreiben einen Weg, den ich Schritt für Schritt gegangen bin, hinein in eine neue Freiheit und Geborgenheit. Auf dem Weg habe ich Menschen gebraucht, die diese Nöte mit mir angeschaut haben. Die nicht müde wurden, die bedingungslose Liebe Gottes in mein Leben hineinzusprechen – bis ich es Stück für Stück immer mehr glauben kann.

Trotzdem falle ich manchmal in alte Muster zurück und bin entmutigt. Es bleibt so etwas wie ein »Rest-Schmerz«, eine Schwachstelle, um die ich mich gut kümmern muss. Aber ich möchte mich an den Lebenszuspruch halten, den der Dichterpfarrer Kurt Marti einmal so beschrieben hat:

> Ich wurde nicht gefragt bei meiner Geburt.
> Und die mich gebar, wurde nicht gefragt bei ihrer Geburt.
> Einer wurde gefragt, und der sagte: Ja.[37]

Sich mit seiner Geschichte auszusöhnen ist oft ein Weg, den wir noch vor uns haben. Auf diesem Weg hat mir eine weitere Entdeckung geholfen, es greifbarer und damit verständlicher zu machen. Das ist der Gedanke oder das Bild vom »Inneren Kind«.

Das Innere Kind

Das Innere Kind ist ein Modell für eine Betrachtungsweise innerer Erlebniswelten in der Psychotherapie. Es dient als Bezeichnung und Symbol für Gefühle, Erinnerungen und Erfahrungen aus der Kindheit, die im Gehirn abgespeichert sind. In der therapeutischen Arbeit verwendet man das Bild vom »Inneren Kind«, um zwischen dem Erwachsenen-Ich, das heutige Situationen beobachten und reflektieren kann, und dem zu unterscheiden, was aus unserer Kindheit gerade anklingt.[38]

Wir haben in unserem Leben unbewusst Erfahrungen abgespeichert, Ur-Erfahrungen unseres Lebens: an positivem Zuspruch, aber auch an Ansprüchen und Sätzen, die wir negativ erlebt haben und die uns bis heute prägen. Oft lässt es sich auf den Nenner bringen: »So wie ich bin, bin ich nicht gut genug.«

Dieser Mechanismus springt auch in unserem aktuellen Erleben immer wieder an. Manchmal beschert er uns in unserem Miteinander Konflikte, bei denen uns gar nicht klar ist, wo das auf einmal herkommt. Dann fragen wir uns, warum Menschen so »kindisch reagieren« – und haben es nicht nur mit der aktuellen Situation zu tun, sondern eben auch mit diesen Ur-Erfahrungen, die sie mit sich tragen. Und was für die anderen gilt, gilt genauso für mich.

Meine Seelsorgerin hat mir mehr als einmal deutlich gemacht, dass es nötig ist, dass ich mich um dieses »Innere« Kind kümmere. Sie hat es persönlicher formuliert, was sich für mich zunächst fremd angefühlt hat. Erst nach und nach habe ich verstanden, wie gut das tut. Sie hat gesagt: »Die ›große‹ Christiane muss sich um die ›kleine‹ Christiane kümmern. Gut zu ihr sein! Schauen, was sie jetzt braucht. Die kritischen Stimmen entlarven, gut für sie sorgen.«

Im Bild gesprochen könnte man sagen: Manches müssen wir »nach-bemuttern«, damit es gut wird. Damals, als Kind, war das nicht möglich, zu der Zeit waren wir dazu nicht in der Lage. Aber heute sind wir es und können als erwachsene Frauen und Männer für uns sorgen.

Dafür ist es nötig, dem »Inneren Kind« nahezukommen und beistehen zu lernen. Mich hat dazu das Buch meines ehemaligen

Supervisors inspiriert. Der Pastor und Dozent Willy Weber schreibt in »Entdecke das Kind in dir«:

> Wenn wir uns um das »innere Kind« kümmern wollen, müssen wir wissen, dass es nicht so sehr reflektiert, sondern empfindet. Der Kopf ist nicht das Zuhause des »inneren Kindes«, eher der Bauch. Wenn es diesem Kind nicht gut geht und wir für es sorgen wollen, erreichen wir es nicht wirklich, wenn wir ausschließlich über unser »inneres Kind« nachdenken … Darum müssen wir dem »inneren Kind« mit Kopf und Herz begegnen, mit der Reflexion und der Emotion![39]

Das habe ich in einer von ihm geleiteten Supervisionsgruppe erlebt und »ausprobiert«. Mir wurde gesagt: Stell dir vor, auf deinem Stuhl sitzt jetzt dein »Inneres Kind« und dir gegenüber sitzt die Person, die dir Mühe macht: Wie sitzt du da? Wie nah rückst du an die Person? Was sagst du oder würdest du gerne sagen? Vorstellen und aussprechen. Warum?

Es geht hier nicht darum, Menschen anzuklagen und an den Pranger zu stellen, sondern darum, eigene Verletzungen zu klären. Und noch einmal: Die gibt es meiner Erfahrung nach mehr oder weniger stark in jedem Leben. Was mir an der Stelle fast noch mehr zu schaffen macht, ist der Gedanke: Ja, und so ist es meinen Kindern wohl auch ergangen. Auch sie mussten Situationen ertragen, in denen wir ihnen, in denen ich ihnen nicht nur nicht gerecht geworden bin, sondern sie auch verletzt habe.

In den meisten Fällen ist es nicht möglich, diese Dinge mit der betreffenden Person zu klären und damit zur Ruhe zu kommen, auch wenn die Eltern noch leben. Willy Weber schreibt:

> Es geht in solchen Auseinandersetzungen nicht um die objektiven Eltern, wie sie wirklich waren und sind. Die gibt es in solcher Auseinandersetzung eigentlich nicht. Es geht um das subjektive Vater- oder Mutterbild, das Kinder verinnerlicht haben. Und das ist nie nur objektiv, sondern eingefärbt, gedeutet, vielleicht auch verzerrt. Und es sind darum auch nicht eigentlich die objektiven Eltern, mit denen sich ein Kind auseinandersetzt, sondern es sind die verinnerlichten Eltern, deren Bild und Eindruck in der Seele … Darum bin ich auch vorsichtig, meinen Gesprächspartnern zu raten, mit ihren wirklichen Eltern über ihre Verletzungen und Störungen zu reden. Ich vermute: Viele Eltern würden das nicht verstehen und sich völlig missverstanden fühlen.[40]

So erging es einem Mann, der mir erzählte, wie er seine Mutter darauf ansprach, dass sie den jüngeren Bruder immer vorgezogen hatte. Daraufhin ging sie in den Keller und holte einen Ordner mit Belegen und Quittungen, um ihm zu zeigen: »Schau mal, ihr habt immer genau das Gleiche bekommen. Wie kommst du darauf?« Es war nicht möglich, es auf diese Weise zu klären, vielleicht wurde die Beziehung dadurch eher gestört. Was aber möglich ist, ist, für uns selbst zu sorgen, vielleicht noch einmal ganz neu – oder sogar zum ersten Mal:

> Ich bin inzwischen selber erwachsen – und kann für das Kind in mir sorgen. Ich kann ihm das geben, was es braucht. So kann aus Vorwurf, Zorn und Trauer ein neuer Wille entstehen: die Bereitschaft, das eigene Leben zu entdecken und zu leben. Das ist oft auch der Durchbruch zu einer neuen

Freiheit und Souveränität. Wenn es schließlich auch gelingt, den Eltern zu vergeben, dann kann der Friede die Gedanken und Gefühle still machen. Aber das braucht meistens einige Zeit… Denn das Ziel eines solchen Prozesses ist nicht Streit und Trennung, sondern Versöhnung und Friede. Der ist übrigens auch dann möglich, wenn Elternfiguren dazu ihrerseits weder fähig noch bereit sind. Die alten Erwartungen und Forderungen können abgelegt werden. Manchmal wächst am Ende sogar Verständnis für die Eltern, die selber oft ein ungeliebtes »inneres Kind« in sich tragen.[41]

Schritte in die Unabhängigkeit

Wie können wir es lernen, uns jetzt, hier und heute, wertzuschätzen und eine gesunde Selbstliebe zu entwickeln? Ob das gelungen ist, können wir sehr leicht feststellen, nämlich dann, wenn andere uns kritisieren. »Innere Kinder«, die sich ungeliebt fühlen, reagieren auf Kritik oft heftig. Da geht es dann nicht um die Sache, sondern um ihre Person. Deshalb versuchen sie in der Regel, Kritik zu vermeiden. Kritik trifft sie immer »volle Breitseite«. Nicht etwas, eine Arbeit, eine Aufgabe, ist in einem Bereich zu kritisieren, sondern alles wird persönlich genommen. Wenn ich mich geliebt und angenommen weiß, kann ich dagegen differenzierter mit Kritik umgehen.

Woher ich das so genau weiß? Weil es bei mir so war. Kritik schien mir über viele Jahre – nein sogar Jahrzehnte – oft grundsätzlich und vernichtend, auch wenn sie vielleicht gar nicht so gemeint war. Genauso sieht es mit Vergleichen aus. Wenn es aber einen rettenden Abstand zwischen mir als Person und dem gibt, was ich tue, bin ich auch dann okay, wenn etwas danebengeht. Was für eine Entlastung!

Leider haben alte Muster die Tendenz, uns furchtbar treu zu bleiben. Deshalb ist es entscheidend, unsere sogenannten »Antreiber« zu entlarven. Diese Muster und regelrechten Sklaventreiber sind nicht einfach weg, wenn wir sie entlarven und uns entscheiden, selbst die Verantwortung zu übernehmen. Aber ich versuche, eine geduldige Lehrerin für mich zu sein und die alten Lebenslügen zu entlarven – und neue, entlastende Wahrheiten einzuüben. Leben ist Übung, und neue Einsichten wollen geübt werden.

Vermutlich werden wir nie damit fertig, sondern bleiben angewiesen. Der dänische Theologe Sören Kierkegaard hat gesagt: »Gott nötig zu haben, ist des Menschen höchste Vollkommenheit!«

Und wenn ich es richtig sehe, verbinden uns unsere Brüche und Narben auch auf eine besondere Art und Weise mit anderen Menschen, wie es unsere Erfolge und vorzeigbaren Leistungen niemals könnten.

Mein Schmerz ist die Brücke zu den Menschen

Wenn ich mit meinen Schmerzen und Wachstumskämpfen verletzlich bin, kann das tatsächlich in einer verbindenden Art und Weise eine Brücke zu den Menschen werden. Genauso kann aber auch das Gegenteil passieren. Howard Clinebell schreibt: »Unser Schmerz und unser unvollendetes Wachstum sind entweder eine Brücke oder eine Barriere zu dem Schmerz und dem unvollendeten Wachstum anderer Menschen.«[42]

Ich will, dass daraus eine Brücke wird. Das bedeutet aber, dass ich immer wieder »aus der Deckung kommen muss«, um mit anderen das zu teilen, was mich wirklich bewegt und umtreibt. Auf diesem Weg der Veränderung erfahre ich in den letzten Jahren auch etwas, womit ich gar nicht gerechnet habe: Ich erlebe mich einerseits unabhängiger und andererseits zugewandter. Wo ich mich nicht mehr schützen muss, weil ich beschützt bin, kann ich mich zuwenden.

Außerdem nehme ich in einer neuen Art und Weise wahr, was mir in meinem Leben geschenkt wurde, was also in meiner Wiege lag und was ich meiner Familie und besonders meinen Eltern verdanke: Dort habe ich Gott als meinen himmlischen Vater kennen und lieben gelernt. Er gehörte von Anfang an ganz selbstverständlich dazu. Was für ein Geschenk! Und ich durfte meinen eigenen Weg finden, unsere Eltern haben uns Kinder in unser eigenes Leben ziehen lassen.

Manche Gaben lagen in dieser Wiege, der Sinn für Schönes, eine große Freiheit, vor anderen zu stehen, und die Fähigkeit, den Glauben zu reflektieren. Vermittelt durch meinen Vater bin ich unter dem Einfluss so großer Theologen wie Dietrich Bonhoeffer und Helmut Thielicke aufgewachsen. Begeistert zu sein und andere zu begeistern, auch das ist ein echtes Geschenk auf meinem Weg. Und meine Eltern sind einander treu. Sechzig Jahre miteinander durchzuhalten ist eine Lebensleistung und ein Geschenk für Kinder und Enkel.

Wenn wir das Schwierige und Schmerzliche unseres Lebens angeschaut und bereinigt haben, dann kann der Blick noch einmal neu wachsen für alle Gaben und alles Gute in unserem Leben. Deshalb würde ich jeden Menschen ermutigen, diesen Weg unter die Füße zu nehmen. Ich selbst will auf diese neue Freiheit unter keinen Umständen mehr verzichten.

Diese Lektion ist nicht freiwillig

Weiter lernen? Oh ja, unbedingt! Wenn ich im Vollbesitz meiner Kräfte bin, die Dinge gut laufen, dann habe ich Lust zu lernen. Was ist aber, wenn ich auf einmal mit einer Lektion konfrontiert werde, die ich mir niemals suchen würde und die mich an meine Grenzen führt – manches Mal sogar darüber hinaus?

So ergeht es mir im Sommer 2023. Nach jahrelangen Schmerzen in beiden Knien spitzte es sich auf der rechten Seite im Frühjahr so zu, dass ich nicht mehr ohne Schmerzen stehen und laufen konnte. Selbst beim Spazierengehen reichte es nur noch für sehr kleine Strecken. Deshalb habe ich mich schließlich durchgerungen, mich operieren zu lassen. Seit Juni 2023 habe ich nun eine Teilprothese im rechten Knie, eine sogenannte »Schlittenprothese«. Das klingt niedlicher, als es sich anfühlt. Und es dauert länger als erhofft, wieder auf die Füße zu kommen.

Medizinisch gesehen hat alles gut geklappt, keine Komplikationen – aber die ganze Behandlung fordert mich mehr heraus, als ich gedacht habe. Und neben der Herausforderung, mich zu mobilisieren und zu trainieren, übe ich vor allem eines: geduldig zu sein mit mir und anderen.

Wieder einmal stelle ich fest: Das ist nicht meine Stärke. Aber der Heilungsprozess lässt sich nicht beschleunigen. Gleichzeitig habe ich manchmal das Gefühl, dass ich zu allem Überfluss auch noch länger brauche als andere. Und es fehlt nicht an wenig hilfreichen Kommentaren und Tipps: »Hüfte ist leichter als Knie!« »Teilprothesen sind schwieriger.« Als ich kurz vor der Entlassung aus der Reha auf eine Frau treffe, die vier Wochen nach ihrer OP wieder arbeiten geht, während ich weiter krankgeschrieben bin,

bin ich ziemlich frustriert. Anderen würde ich sagen: »Da hat nun mal jeder sein Tempo.« Aber nun bin ich selbst dran, und da bleiben mir so manche Worte im Hals stecken.

Neben den äußeren Prozessen arbeitet aber auch einiges an meiner Seele und ich bin nicht sicher, was mehr wehtut. Denn es stellen sich Fragen ein, die an mir zehren:

- Wenn ich jetzt schon »schwächele«, wie wird es dann erst sein, wenn etwas Schlimmeres kommt?
- Ist es das, was uns im Alter erwartet – und wer will das denn?
- Ich habe mein Leben in dieser Zeit nicht wirklich im Griff, sondern stolpere so durch die Tage: Wird das jemals wieder besser?
- Dazu erreichen mich in dieser Zeit echte Hiobs-Botschaften von anderen. Sag mal, Gott, wie kann das sein? Was mutest du Menschen zu? Was müssen Menschen alles aushalten! Da wird es mir angst und bange.

Wieder einmal stehe ich vor der Erkenntnis: Unser Leben ist unverfügbar! Wir sind nicht die »großen Bestimmer«, auch wenn es manchmal so scheint. Es braucht nicht viel, und von jetzt auf gleich kann sich alles ändern. Was hält und trägt, wenn mir die Kraft fehlt, mich festzuhalten? Helfen meine eingeübten Rituale? Meine Kraft hat in den ersten Tagen nach der OP gerade gereicht, um mich einigermaßen auf den Beinen zu halten. Jetzt ist keine Zeit für vollmundige Bekenntnisse, jetzt brauche ich vor allem eines – eine große Portion Barmherzigkeit. Denn momentan schreibt und diktiert das Leben mir eine Lektion, die mich testet.

Eine Freundin hat vor Kurzem einen Satz von Dietrich Bonhoeffer[43] zitiert, der mich seitdem nicht loslässt: »Wir müssen lernen, die Menschen weniger auf das, was sie tun und unterlassen, als auf das, was sie erleiden, anzusehen!«

Bitte verstehen Sie mich nicht falsch. Damit meine ich nicht in erster Linie mich selbst – obwohl es in einer solchen Zeit vermutlich auch legitim ist, mich dort einzureihen.

Aber wie viel milder und differenzierter fiele unsere Einschätzung aus, wenn wir das berücksichtigen würden? Wie viel barmherziger wäre unser Umgang miteinander? Und wie kommen Menschen durch solche Zeiten mit Krankheit, Nöten und Trauer? Was hilft mir?

Gute Gewohnheiten

»Du wirkst so ruhig und gesammelt«, meinte meine Bettnachbarin in der Klinik. Echt? Mir kommt es nicht so vor. Wenn es so aussieht, liegt es jedoch vielleicht an einigen Gewohnheiten, die ich auch jetzt beizubehalten versuche.

»Morgenseiten« schreiben

Seit einigen Monaten gehören »Morgenseiten« zu einer guten, fast täglichen Gewohnheit. Die einzige Regel: zehn Minuten schreiben, ohne abzusetzen. Dafür benutze ich ein kleines Buch und einen Bleistift. Und dann wird – ganz wichtig – unzensiert einfach drauflosgeschrieben. Oft habe ich vorher die Losung gelesen oder einen Psalm. Fast immer gebe ich mir selbst eine Überschrift, zu der ich dann schreibe, etwa: »Geschehen lassen«, »Eine gute Nacht«, »Lass es dir gut gehen«, »Meine Seele irrt umher«.

Diese »Morgenseiten« sind für mich wie »ein Scheibenwischer« in den neuen Tag: Hinterher habe ich mehr Durchblick. Unzensiert alles auszudrücken hilft mir, meine Seele zu sortieren. Fast immer sieht es danach etwas heller aus als vorher, einfach, weil ich es aussprechen konnte.

Psalmen lesen und beten

Schon in den vergangenen Jahren habe ich mich mehr und mehr regelrecht in die Psalmen geflüchtet. Dort finde ich Worte, die ich mir nicht selbst sagen kann, und ich bete mit meinem Herzen, manchmal (vielleicht sogar öfter!) gegen mein eigenes Herz. Daraus ist Anfang 2023 mein Psalmen-Lesebuch »Das Glück sucht uns«[44] geworden.

Psalmen zu lesen und zu beten bedeutet für mich, dass ich meine Seele nicht sich selbst überlasse. Hätte ich in der aktuellen Situation diesen Titel gewählt? Keine Ahnung. Trotzdem passt er auch jetzt, denn Glück ist für mich vor allem eines: eine Kraft, die trotzt und tröstet.

Ans Herz Gottes gebettet werden

Eine mütterliche Freundin schreibt mir ins Krankenhaus: »Und nun bette ich dich für diese Nacht ans Herz Gottes.« Was für ein schönes und wohltuendes Bild. Solche Zusagen von anderen sauge ich regelrecht auf. Ich darf schwach und müde sein – jetzt beten andere für mich.

Wenn ich etwas für mich mitnehme aus dieser Zeit, ist es, diesen Liebes- und Freundschaftsdienst in Zukunft noch mehr auch für andere zu tun.

»Brachzeiten« – was darf in dieser Zeit neu werden und entstehen?

»Könntest du diese Brachzeit vielleicht für dich nutzen?«, schreibt mir eine Freundin in die Reha. Aber was ist das eigentlich, eine »Brachzeit«? Es ist ein Zeitabschnitt, in dem ein Feld ungenutzt bleibt und nichts angebaut wird, damit es sich regenerieren kann. Einmal nicht nützlich sein, das entspricht mir so gar nicht. Und doch: Liegt darin nicht eine wunderbare Einladung? So versuche ich, dem einmal nachzuspüren. Gesucht hätte ich mir diese »Brachzeit« nicht. Aber tut sie mir am Ende trotz aller Schmerzen gut?

Zunächst nehme ich einfach meine Bedürftigkeit wahr und kann sie auch zulassen. Dabei ermutigt mich ein kleiner und unscheinbarer Satz, den ich einmal gelesen habe: »Etwas ist besser als nichts.« Ein kleiner Schritt ist besser als nicht loslaufen. Meinem ausgeprägten Perfektionismus schmeckt das gar nicht. Und doch: »Etwas ist besser als nichts!« Das will ich mir hinter die Ohren schreiben. Wie barmherzig ist dieser Alltagssatz gerade jetzt.

Es arbeitet in meiner Seele – nein, vielleicht wirkt eher etwas in die Tiefe hinein, was ich sonst vermutlich übersehen hätte. Ich bin ganz Ohr für das, was der Vater, der Sohn und der Heilige Geist anrühren, in Resonanz mit Gott, wie es Martin Schleske ausdrückt.[45] Es kommt etwas in Bewegung in mir. Das möchte ich »werden lassen«. Nicht an jedem Tag gelingt es gleichermaßen, auch das gilt es zuzulassen. Mit Worten aus Psalm 25,17 bete ich: »Sprenge du die Fesseln, die mir das Herz zusammenschnüren, lass mich frei werden von allem, was mir jetzt noch Angst macht!« (NGÜ). Die Elberfelder Bibel übersetzt: »Die Enge meines Herzens mache weit, und führe mich heraus aus meinen Bedrängnissen!« Ein weites Herz – auch jetzt!

Neben den Psalmen begleitet mich ein kleines Buch von Martin Schleske[46]. Gerade heute Morgen habe ich etwas gelesen, was eine Grundfrage meines Lebens anspricht:

> Jeder Mensch sollte sich seiner Würde bewusst sein, aber niemand sollte seine Bedeutung überschätzen. Die Welt krankt daran, dass wir ebendies verdrehen. Wir finden uns wichtig, obgleich wir es nicht sind, zugleich aber verkennen wir unsere Würde, obwohl wir sie haben. In all unserer Wichtigkeit entwürdigen wir uns, weil wir unseren Wert nicht glauben … Kein noch so erfolgreiches Tun kann je ersetzen, was einem Menschen fehlt, der nicht weiß, wer er ist, weil er nicht glaubt, was ihm gesagt werden muss. Welches sind die Ewigkeitsworte, die mein Herz auswendig kennt, da es in ihnen ruht? »Ich habe dich je und je geliebt!« (Jeremia 31,3). »Fürchte dich nicht, denn ich habe dich erlöst; ich habe dich bei deinem Namen gerufen; du bist mein!« (Jesaja 43,1). Keine Seele kann sich den Gotteszuspruch je erarbeiten, den man sich nur gefallen lassen kann. Ihn nicht zu glauben, bedeutet im Tiefsten, die eigene Würde zu beschädigen. Es bedeutet, verloren zu sein … Denn die stärkste Vollmacht bedeutet, einen Selbstwert zu empfinden, der nicht bewiesen werden muss … Es wird nicht ruhiger mit uns werden, wenn wir noch mehr tun, noch angestrengter uns hineinopfern in das, wonach der Schlund des Unbefriedeten in uns verlangt. Der Hunger wird nur größer … Der ruhige Mensch ist der geliebte Mensch.

Aber so eine »Brachzeit« will auch praktisch gestaltet sein, bloß wie? Was brauche ich für Leib, Seele und Geist? Dazu notiere ich mir in mein Tagebuch:

Die Kunst der kleinen, eigenen Schritte

- Meinen Rahmen abstecken: Das passt jetzt.
- Regelmäßig für Körper und Seele sorgen. Nicht zufällig, nicht, wenn mir gerade danach ist, sondern regel-mäßig. Wirklich mein Maß finden!
- Ausschau halten nach dem Guten in meinem Leben – und mir ganz viel Barmherzigkeit gefallen lassen.
- Ideen aufnehmen, die mich locken (einige Bücher entdecke ich in der Zeit, einen spannenden Podcast).
- Menschen begegnen und anrufen, die ich länger nicht gesprochen habe.
- Gutes Essen und nach so vielen Medikamenten auch wieder ein Glas Wein, um mich am Leben zu freuen.
- Eine Routine für jetzt und heilsame Unterbrechungen.
- Mut für den nächsten Schritt.

Wie ist das eigentlich mit dem Guten in meinem Leben? Wovon hängt es ab und welchen Blick wünsche ich mir, um es immer wieder zu entdecken? Wie viel »Gutes und Barmherzigkeit« (Psalm 23) legt sich auch jetzt wie ein Schutzmantel um meine Seele!

Solche lebensfreundlichen Gedanken habe ich in diesen Wochen nicht immer. Oft ist es morgens gut, aber im Laufe des Tages, wenn es mühsam wird und die Schmerzen wiederkommen, ist die Zuversicht schneller weg, als ich schauen kann. Trotzdem will ich mich daran erinnern lassen und sauge die Ermutigung auf, wenn sie gerade wieder greifbar wird. Martin Buber übersetzt den Schluss von Psalm 23 so: »Nur Gutes und Holdes (also Barmherzigkeit) verfolgen mich nun alle Tage meines Lebens!« Nicht nur folgen – sondern verfolgen mich. Wunderbar, das nehme ich mit offenen Armen an.

Was ich denke, bestimmt darüber, wie ich lebe

»Alters-Bilder«

Was fällt Ihnen spontan ein, wenn Sie den Begriff »älterer Mensch« oder »alter Mensch« hören oder lesen? Schreiben Sie doch Ihre ersten drei Einfälle einmal auf:

1.
2.
3.

»War auch etwas Positives dabei? Wenn ja, verfügen Sie über ein differenziertes Altersbild«, so schreibt Prof. Hans-Werner Wahl in seinem Buch »Die neue Psychologie des Alterns – Überraschende Erkenntnisse über unsere längste Lebensphase«[47]. Die meisten Menschen leben mindestens ein Viertel, wenn nicht sogar ein Drittel ihres Lebens in der sogenannten nachberuflichen Phase. Sind wir erst einmal sechzig Jahre alt geworden, haben wir im Durchschnitt noch 22 bis 25 Jahre vor uns.[48] Deshalb ist es nicht nur ziemlich sinnvoll, sondern auch notwendig, über diese Phase nachzudenken und Bilder zu entwickeln, die Leben eröffnen und ermöglichen.

Die Sichtbarkeit des Alters könnte jedoch auch negative Altersstereotype und Ängste vor einer »Tyrannei der Älteren« oder einer »Überalterung der Arbeitsgesellschaft« fördern. In der Tat stellt uns das Miteinander und Füreinander der verschiedenen Generationen vor große Herausforderungen. Deshalb haben »Alters-Bilder« eine persönliche, aber auch eine gesellschaftliche Komponente.

Das gilt ebenso für unsere Kirchen und Gemeinden: Wie werden wir da einander gerecht, wie kommt jeder mit seinen jeweiligen Bedürfnissen vor? Wie bringen wir uns als ältere Generation weiter ein, im ehrenamtlichen oder im längeren beruflichen Engagement? Und welche Schritte sind nötig, um Möglichkeiten anzuregen und praktikable Modelle zu entwickeln?

Altern beginnt im Kopf – die Macht von Einstellungen und Erwartungen

»Du siehst aber gut aus für dein Alter!« Was löst dieser Satz bei Ihnen aus? Ein »Na danke dafür!« oder können Sie es auch positiv hören? Wieso muss ich jünger aussehen, als ich bin, um mich wohlzufühlen?

Wir müssen Alter differenziert denken, nicht nur in Bezug auf das gezählte Lebensalter, sondern auch anhand von Kriterien wie Beweglichkeit, Mobilität und Selbstständigkeit. Solche Kriterien sagen mehr über einen Menschen aus als die bloße Feststellung, dass man im dritten, vierten oder fünften Alterssegment angekommen ist. Unsere Alters-Bilder entwickeln sich ja nicht erst, wenn wir diesen Lebensabschnitt erreicht haben, sondern eigentlich ein Leben lang. Was ich als junger Mensch über das Alter denke, denke ich dann irgendwann auch über mich – es sei denn, ich setze mich damit auseinander, um neue Bilder zu bekommen.

Mir hat ein Blick in die Alterspsychologie geholfen, differenzierter über den neuen Lebensabschnitt zu denken – und dann hoffentlich auch entsprechend zu handeln. Deshalb möchte ich Ihnen an dieser Stelle einige ihrer Prinzipien vorstellen.[49]

Lebensspannenorientierung

Eine Lebensphase steht nicht für sich alleine, sondern ist eingebunden in Entwicklungen. Jede Phase hat ihre eigene Gestalt mit schönen Seiten, aber auch besonderen Herausforderungen. So ist beispielsweise die frühkindliche Phase mit dem Entwickeln von Grundvertrauen oder Grundmisstrauen ähnlich zerbrechlich wie die Phase des alten Menschen. Solche Lebensaufgaben begleiten uns durch alle Phasen, und jede besteht aus Gewinn und Verlust.

Entwicklung

Entwicklung verläuft bis ins hohe Alter nicht gleichförmig. Das bedeutet, dass es genauso falsch ist, von »der Jugend« oder »der Kindheit« wie von »dem Alter« zu reden. So bleiben einige bis ins hohe Alter fit und leistungsfähig, während andere schon früh abbauen: »Ältere Menschen suchen insgesamt nicht mehr so stark wie Jüngere nach immer neuen sozialen Erfahrungen, und sie lassen sich gleichzeitig im zwischenmenschlichen Bereich (übrigens auch in der eigenen Paarbeziehung) nicht mehr so schnell durch Konflikte aus der Ruhe bringen.«[50]

Normales, krankhaftes und erfolgreiches Altern

Natürlich gibt es im Alter Einschränkungen der Beweglichkeit, des Denkens und Einbußen des Gedächtnisses. Aber viele können damit gut umgehen. Einen Einschnitt bedeutet es, wenn sich heftige Krankheiten einstellen und diese Auswirkungen auf die alltägliche Lebensqualität haben. Aber das betrifft ja nur einen Teil der Älteren. Deshalb hat sich in der Altersforschung seit den 1950er-Jahren der Begriff des »erfolgreichen Alterns« eingebürgert. Das bedeutet, bei optimalen Rahmenbedingungen bestmöglich zu altern. Laut Hans-Werner Wahl und seinen Studien der neuen Alternspsychologie (NAP) sieht es so aus, als ob diese Gruppe zunimmt.

Mitgestalten

Menschliche Entwicklung ist bis ins höchste Alter hinein mitgestaltbar. Wahl meint, dass wir durchaus an »unserer Alternsschraube« drehen können.[51] Eine zentrale Erkenntnis seiner Befragungen lautet nämlich, dass Menschen über eine »regelrechte Toolbox« verfügen, mit der sie ihr Wohlbefinden aufrechterhalten und sich gegen die Widrigkeiten des Älterwerdens wappnen. Außerdem seien ältere Menschen gut in der Lage, eine Um- und Neubewertung von nicht mehr erreichbaren Zielen und Dingen vorzunehmen. Sie können Aktivitäten auswählen, die ihnen guttun, und anderes links liegen lassen. Außerdem zeigen Wahls Längsschnittuntersuchungen (d. h., dieselben Personen wurden über einen Zeitraum von vielen Jahren mehrmals befragt, um Entwicklungen und Veränderungen aufzuzeigen), dass frühe und regelmäßige körperliche Aktivität das Herz-Kreislauf-System stärkt, höhere gedankliche Leistungen ermöglicht und schwerwiegende Phasen von Pflegebedürftigkeit kürzer ausfallen lässt.

Menschliche Entwicklung ist bis ins höchste Alter hinein veränderbar: Selbst im hohen Alter können im Gehirn neue synaptische Verbindungen entstehen. Natürlich sind diese nicht so ausgeprägt wie bei jungen Erwachsenen, aber es gibt sie. Die Frage ist, wie dieses Wissen noch konsequenter genutzt werden kann.

Schließlich resümiert Professor Wahl:

> Das Älterwerden hat sich in den zurückliegenden 60 bis 70 Jahren verändert. Ein wenig pointiert lässt sich sagen: Die heutigen Älteren haben nichts, aber auch gar nichts mehr zu tun mit jenen der 1970er Jahre. Da ist etwas völlig Neues in der demografischen Welt unserer Gesellschaft entstanden. Auch beobachten wir zunehmend eine Art Normalisierung des Alterns. Altern ist nicht mehr etwas »Besonderes«, … sondern eine von mehreren Lebensphasen, die alle ihre Sonnen- und Schattenseiten, ihre Gewinn- und Verlustaspekte im Leben besitzen … Auf jeden Fall bündeln sich auf der einen Seite beim heutigen Altern positive Trends, was zu völlig neuen Ufern des Älterwerdens führt. Auf der anderen Seite sind neue Risiken und Anforderungen entstanden.[52]
>
> Wie wird das Altern in 20 bis 30 Jahren aussehen? Solche Prognosen sind stets gewagt, doch zeichnet sich einiges ab: Altern wird über weite Strecken dem traditionellen Altersbild, selbst dem heutigen Älterwerden, immer unähnlicher werden. Es wird sich um eine eigenständige und allseits anerkannte Lebensphase mit ganz eigenen Entwicklungspotenzialen handeln. Aber es ist und bleibt auch eine Lebensphase mit vielen Begrenzungen, die mit dem Fortschritt der

Alternsforschung zwar immer besser durchdrungen wird, aber ihren Geheimnischarakter wohl niemals verlieren wird.[53]

Alters-Bilder wandeln sich, meines hat sich durch die Beschäftigung mit diesem Thema deutlich verändert. Ich werde mich hüten, die Herausforderungen kleinzureden, die diese Lebensphase mit sich bringt. Aber mir ist noch einmal deutlich geworden, wie viele Gestaltungsspielräume uns bleiben. Vor hundert Jahren waren Menschen, die auf die sechzig zugingen, mit ihren Kräften oft am Ende, einfach durch die körperliche Anstrengung, die ihr Leben geprägt hatte. Heute sind uns dagegen mit sechzig nicht nur ein paar Jahre, sondern oft zwei bis drei Jahrzehnte Lebenszeit anvertraut. Und die werde ich nicht nur erdulden, sondern so, wie es mir geschenkt ist, nach Kräften weiter gestalten.

Am Anfang schuf Gott das Team

Im Sommer 2019 habe ich meinen Mann auf eine Dienstreise in den hohen Norden begleitet. Nicht nach Hamburg, das ist von der Schwäbischen Alb aus gesehen ja schon »hoch« genug. Nein, wir waren auf Einladung der Norwegischen Bibelgesellschaft gemeinsam bei den Sami in Lappland – genauer gesagt in Kautokeino. Für mich war es ein Urlaub, für den wir die Kosten auch selbst übernommen haben, denn auf diese Weise können wir etwas häufiger gemeinsam unterwegs sein.

Bist du nur sein »Anhängsel«?

Kurz vor dieser Reise telefonierte ich mit meiner Mutter. Auf einmal meinte sie: »Na, wenn dein Mann dort ziemlich eingespannt ist, dann bist du ja nur sein Anhängsel!« Dieser Satz hat mich lange beschäftigt, ein wenig gewurmt und manche Fragen geweckt: Erlebe ich mich so? Was ist überhaupt »ein Anhängsel«? Bin ich das? Wie wird man das?

Diejenigen, die mich ein wenig kennen, würden vermutlich sagen: »Wenn wir Christiane begegnen, fällt uns ja so manche Beschreibung ein – ›Anhängsel‹ ist eher nicht dabei!« Auch mein Mann hat schnell versucht, mir diesen Gedanken auszureden. Trotzdem war er da.

Die Frage der Selbst- und Fremdwahrnehmung wird uns vermutlich unser Leben lang begleiten. Manchmal stimmen beide einigermaßen überein, aber oft wird es so sein, dass andere uns anders sehen und erleben als wir selbst. Das lässt sich nicht völlig vermeiden, aber wir können dazu beitragen, dass die Bilder immer stärker übereinstimmen – sofern es sich um realistische Bilder handelt und nicht um eine negative Selbstwahrnehmung, die wir auf andere übertragen.

Zum einen gilt es, möglichst so zu sein, wie wir sind, statt zu versuchen, etwas anderes vorzugeben. Zum anderen hilft es, wenn wir Menschen erlauben, uns den Spiegel vorzuhalten, um unsere Stärken, aber auch unsere blinden Flecken zu erkennen und vielleicht manches zu ändern, was wir so gar nicht wollen.

Was ist meine Rolle?

Auf dieser Reise in den Norden habe ich mich dem gestellt und mich gefragt: »Was kann ich jetzt, in dieser Situation, noch einmal dazulernen über mich und meine Rolle? Wie kann ich die Frage klären, wo mein Platz in dieser Welt ist?« Dass der Satz »Bist du vielleicht sein Anhängsel?« bei mir etwas ausgelöst hat, hat ja weniger mit dem Satz an sich zu tun oder mit meiner Mutter, die ihn eher beiläufig gesagt hat. Irgendwo traf er bei mir auf Resonanz.

Nun gibt es verschiedene Möglichkeiten, auf solche Resonanzen zu reagieren. Mich hat der Satz dazu bewegt, die Rolle des Anhängsels nicht anzunehmen. Proaktiv habe ich versucht, mit den Menschen ins Gespräch zu kommen, vielleicht mehr, als wenn meine Mutter den Satz nicht gesagt hätte. Nicht mit allen war das möglich, mein Sami ist doch eher übersichtlich. Aber auf Englisch hat es mit manchen geklappt. Irgendwann habe ich gedacht: »Es ist egal, ich versuche es« – manchmal mit Händen und Füßen, aber irgendwie ging es. Menschen zu begegnen, deren Muttersprache wir nicht sprechen, ist etwas Besonderes, aber eine Volksweisheit hat mir geholfen: »Der kürzeste Weg zwischen zwei Menschen ist ein Lächeln.« Wir sind in Kontakt gekommen, hin und wieder konnten ältere Menschen sogar Deutsch.

Nun muss man nicht zu den Sami nach Lappland, um sich der Frage nach den Rollen im eigenen Leben zu stellen. Was gehört da so alles dazu: Ich bin Tochter, Frau, Ehefrau, Mutter, Schwiegermutter, Nachbarin, Kollegin, Referentin, Oma … Diese Rollen verändern sich im Laufe unseres Lebens auch, das wird schon an der Rolle der Tochter deutlich – als Mädchen, als junge Erwachsene oder im Umgang mit alt gewordenen Eltern. Ich habe den Eindruck, dass diese Veränderungen für uns Frauen oft einschneidender sind. Manche Rolle teilen wir miteinander und wir gehen vielleicht davon aus, dass andere in dieser Rolle sehr ähnlich empfinden oder handeln. Trotzdem wird es sich immer mehr oder weniger stark unterscheiden, wie wir unsere Rolle leben.

Sicher ist es auch eine Typfrage, wie wir mit unseren Rollen umgehen. Dennoch gibt es Herausforderungen, die wir als Frauen miteinander teilen. Das gilt gesellschaftlich – bei aller proklamierten Gleichberechtigung haben wir da immer noch »Luft nach oben«, bis Frauen und Männer wirklich gleichberechtigt sind. Im Kontext von Kirche und Gemeinde kommen außerdem biblische Aspekte dazu, mit der Frage: Dürfen Frauen leiten?

Dürfen Frauen leiten?

Je nach konfessionellem Hintergrund werden Frauen recht eindeutige Plätze zugewiesen. Aber unabhängig davon, wie traditionell oder aufgeschlossen eine Gemeinde oder Gemeinschaft an diesem Punkt ist, für alle Frauen gilt: Wir müssen unseren Platz finden – jede für sich. Was mir dabei geholfen hat, ist, noch einmal zu sehen, auf welch revolutionäre Art und Weise Jesus in seinem Leben auf der Erde Frauen begegnet ist. Sie spielen zum Beispiel eine zentrale Rolle als Zeuginnen der Auferstehung (Johannes 20). Wenn Jesus das Risiko hätte ausschließen wollen, dass man seine Auferstehung infrage stellt, hätte er Männer als Zeugen wählen müssen. Damals – und heute vermutlich auch noch!

Ganz selbstverständlich hat Jesus Frauen eingesetzt, um seine Botschaft zu verkündigen. Mich hat das geprägt, und wenn ich zurückschaue, würde ich sagen, dass das von Anfang an mein Verständnis war. Das bedeutet aber nicht, dass die Menschen, denen ich begegne, es immer genauso gesehen haben. Irgendwann habe ich aber für mich beschlossen, aufzuhören, um diese Fragen zu kämpfen, und tue meinen Dienst dort, wo wir dieses Verständnis miteinander teilen.

Entscheidend geholfen hat mir auch, dass mein Mann und ich uns in dieser Frage einig sind: »Hier ist nicht Jude noch Grieche, hier ist nicht Sklave noch Freier, hier ist nicht Mann noch Frau; denn ihr seid allesamt einer in Christus Jesus« (Galater 3,28). Das haben wir gelebt und dafür setzen wir uns ein – in ganz verschiedenen Aufgaben.

Interessanterweise wird die Frage, was Männer und Frauen »dürfen«, wie ihre Rolle aussieht, in den letzten Jahren wieder deutlicher gestellt. Und die Antworten darauf fallen unterschiedlich aus. Ich gehörte über viele Jahre zu Gemeinden aus dem Bund Freier evangelischer Gemeinde (FeG). Vor dreißig Jahren wollte ich gerne etwas dafür tun, dass dort Frauen predigen dürfen, denn das war damals noch nicht der Fall. Und ich hoffte, dass das irgendwann selbstverständlich wäre. Heute ist es in vielen Gemeinden so – aber längst nicht in allen. Damals dachte ich auch: Ich möchte, dass unsere Tochter es in diesen Fragen später einmal leichter hat. Doch die Frage nach dem Dienst von Frauen ist mit neuer Wucht zurückgekehrt.

Vor einigen Jahren nahm ich an einer Weiterbildung für Männer und Frauen im vollzeitlichen Dienst teil. Und auf einmal, mitten in einer harmlosen Kommunikationsübung, stellt einer der jüngeren männlichen Teilnehmer die Frage: »Dürfen Frauen eigentlich leiten?« Ich dachte, mich trifft der Schlag. Übung hin oder her – die habe ich vor lauter Ärger vergessen und alle

Kommunikationsregeln spontan durchbrochen. Denn plötzlich war das eine Frage. Und ich dachte: »Das gibt's doch nicht! Wir sind hier gemeinsam auf einer Fortbildung für Leiterinnen und Leiter. Wenn das deine Frage ist, wie erlebst du dann unser Miteinander? Und wenn das hier eine Frage ist, was bedeutet das für die Gemeinden und Verbände, aus denen ihr alle kommt?«

Mich hat das so fassungslos gemacht, weil ich gedacht hatte, diese Frage wäre zumindest für diesen Kontext geklärt. Und es erschien mir, als ob wir wieder von vorne anfangen müssten. Vordergründig reden wir bei diesem Thema vielleicht über ein theologisches Verständnis – unter der Hand sind aber vermutlich geprägte Rollenfragen und der eigene Gemeindehintergrund entscheidender, als wir wahrnehmen. Hier hilft es, zu überlegen:

- Was ist meine/deine Rolle als Mann?
- Wie sieht meine/deine Rolle als Frau aus?
- Was hat uns in unserem Umfeld geprägt?
- Wie denkt man in unserer Kirche, unserem Verband darüber?
- Wie gehen wir damit um?
- Wie finden wir unsere persönliche Rolle und unseren Platz?

Männer und Frauen – im Dienst für Gott

Was mir geholfen hat, meinen Platz zu finden, hängt wohl entscheidend damit zusammen, wie wir als Ehepaar miteinander leben. Für meinen Mann war es von Anfang an keine Frage – keine theologische und auch keine in unserem Miteinander. Es hat ihn zu keiner Zeit bedroht, dass ich Gottesdienste leitete und predige.

Wenn Menschen uns manchmal fragen, wie das mit dem »Rücken freihalten« bei uns so ist, meint er oft schmunzelnd: »Meine Frau hält mir nicht den Rücken frei, sie verstellt mir die Sicht!« Das stimmt aber nicht wirklich, denn mit fast 1,90 kann er locker über mich hinwegschauen.

Vielleicht hat seine Gelassenheit auch damit zu tun, dass wir einander mit unseren Gaben nicht in die Quere kommen. Im Gegenteil, wir ergänzen uns auf eine gute Art und Weise. Ich glaube, darin liegt ein Geheimnis des gemeinsamen Auftrags als Männer und Frauen im Dienst für Gott: Wir brauchen einander, weil jeder etwas nicht kann, was dem anderen geschenkt ist. Wie schön wäre es deshalb, wenn wir einander Räume eröffnen, damit jeder seinen ganz eigenen Platz in dieser Welt, ja mehr noch im Reich Gottes findet.

Einer für den anderen – ich wähle uns

Wie ist es dazu gekommen, dass dies bei uns funktioniert hat? Was hat uns auf diesem Weg geholfen? Anfang 2020 haben wir mit einigen Freunden unseren 30. Hochzeitstag gefeiert. Mitte der 1980er-Jahre haben wir uns während unserer ersten theologischen Ausbildung in St. Chrischona bei Basel kennengelernt. Das ist schon eine Geschichte für sich, immerhin waren die Regeln für das Miteinander von Frauen und Männern zu dieser Zeit eher noch so wie in den 1950er-Jahren. Deshalb ist es zumindest ein kleineres Wunder, dass wir überhaupt eine Beziehung beginnen konnten.

Heute schauen wir auf über 35 gemeinsame Jahre zurück. Und wenn andere uns fragen, woran es wohl liegt, fallen mir ein paar Dinge ein, die uns geholfen haben, unseren Weg zu finden. Als wir am 06.01.1990 geheiratet haben, haben wir Matthäus 6,33 als Trauspruch ausgewählt: »Trachtet zuerst nach Gottes Reich und nach seiner Gerechtigkeit, so wird euch das alles zufallen!« Unser Trauprediger war mein damaliger Chef Peter Lincoln. Er gab uns mit auf den Weg: »Das Reich Gottes beginnt nicht erst im Dienst – sondern dort, wo ihr miteinander lebt und wie ihr miteinander lebt!« Das prägt uns bis heute.

Es zieht sich wie ein roter Faden durch die Jahre und Jahrzehnte hindurch: einer für den anderen. Es geht nicht um dich oder mich, sondern: »Ich wähle uns!« Das haben wir versucht – bis heute. Wenn wir zurückschauen, sind wir das, was wir geworden sind und wer wir sind, ganz entscheidend durch unsere Beziehung miteinander geworden. Viel haben wir gelernt, manches auch erlitten und eine Menge ausgefochten. Aber es hat uns verändert und weitergebracht. Vieles haben wir auch durch unsere Kinder gelernt, und wir sind immer noch dabei. An manchen Punkten hätte ich mir gewünscht, erst mal üben zu können – und erst dann in »echt« zu leben, wenn es klappt. Aber so ist das Leben nicht.

Dankbar sind wir deshalb für Menschen, die uns auf diesem Weg begleitet haben, von denen wir uns Rat holen konnten. Für mich ist es ein Geheimnis gelingenden Lebens, dass ich nicht meine, es immer alleine schaffen zu müssen. Ja, es gibt das eine oder andere, was wir aktiv dazu beitragen können, unser Leben zu gestalten – als Teil des Reiches Gottes. Dennoch ist das Entscheidende: »... so wird euch das alles zufallen.« Zufallen – das heißt, wir bekommen es geschenkt!

Vieles liegt hinter uns, manches noch vor uns. Gemeinsam unterwegs zu sein und immer wieder Neues zu entdecken – das ist ein Geschenk. Dass dieses Geschenk nicht selbstverständlich ist, ist uns sehr wohl bewusst. Viel zu oft erleben wir in unserem Freundeskreis, dass Paare sich trennen. Das lässt uns traurig und ratlos zurück: Woran liegt es? Es sah doch überhaupt nicht so aus. Wieso war es nicht möglich, das Versprechen, das man einander gegeben hatte, zu halten? Wo hat man vielleicht Alarmsignale nicht wahrgenommen? Und wie wird es für sie jetzt weitergehen?

In einer solchen Situation fallen mir keine Tipps ein, die man ja auch geben könnte. Stattdessen tauchen viele Fragen auf, und eine davon heißt: Was hat uns geholfen, miteinander durchzuhalten? Was lernen unsere Kinder an dieser Stelle bei uns – besser gesagt, was können sie beobachten? Pfarrer Hans-Peter Wolfsberger hat vor vielen Jahren vor jungen Theologinnen und Theologen gesagt: »Was ihr euren Kindern mitgeben könnt, ist, auf eure Ehe zu achten! Auf euer Miteinander – dass sie sehen und erleben, wie es sein kann. Dann lernen sie schon eine Menge über Ehe und Familie.«

Was haben unsere Kinder da so alles mitbekommen, an Streiten und Versöhnen, an Wagen und Versuchen, an Diskutieren und Ausfechten. Und ich merke, dass mich der Satz ermutigt und mir hilft. Es muss nicht alles ideal sein – wer kann das schon. Aber aufeinander achten, das wollen wir weiter üben und versuchen. Auf diese Weise sind wir über die Jahre und Jahrzehnte einander zu einem Zuhause geworden und das ist allemal ein großes Geschenk.

Eine Freundin hat uns an unserem 30. Hochzeitstag folgenden Text geschickt.

Kleine Geheimnisse

Jemanden zu lieben ist, als würde man in ein Haus einziehen. Am Anfang verliebt man sich in all das Fremde, man ist jeden Morgen aufs Neue erstaunt, dass es einem plötzlich gehört, und hat ständig Angst, jemand könnte hereinstürmen und sagen, ihm sei da ein grober Fehler unterlaufen und es sei gar nicht vorgesehen gewesen, dass man ein so schönes Zuhause bekommt. Aber mit den Jahren bröckelt die Fassade, das Holz reißt hier und da auf, man fängt an, die Macken an diesem Haus zu lieben. Da kennt man bereits die verborgenen Ecken und Winkel. Man weiß, was man tun muss, damit der Schlüssel nicht im Schloss stecken bleibt, wenn es draußen kalt wird. Welche Dielen etwas nachgeben, wenn man drauftritt, und wie man all die Kleiderschranktüren so öffnet, dass sie nicht knarren: Und das sind all die kleinen Geheimnisse, die es eben genau zu deinem Zuhause machen.[54]

Und heute? Wie halten wir miteinander durch?

Im Urlaub in Kroatien tauchte diese Frage wieder einmal auf: »Wie halten wir miteinander durch? Wie gelingt unser Miteinander jetzt, in der ausgehenden Lebensmitte?« Da gibt es Momente, wo wir einander nah sind und unsere Herzen sich begegnen und wir noch mal erleben: Ja, das habe ich schon immer an ihm/ihr gemocht. Bei mir ist das sein Humor – zumindest manchmal. Als wir im Nationalpark Plitvicer Seen waren, einem der Schauplätze der Winnetou-Filme, setzte ich mich am Rande des Wassers hin. Da meinte mein Mann: »Pass auf, dass du nicht reinfällst. Sonst bist du der ›Schatz im Silbersee‹!« Das fand ich richtig witzig.

Doch was bestimmt unser Miteinander? Worüber freuen wir uns und was fordert uns heraus? Die Schnittmenge der Dinge, die wir gerne tun, ist wohl groß genug: Wir lesen beide gerne, wandern, radeln und seit einiger Zeit paddeln wir gemeinsam durch die Gegend. Wenn ich schwimme, sitzt mein Mann oft am Ufer und liest. So kann auch jeder etwas für sich tun. Oft habe ich die Idee, etwas zu unternehmen – aber er sorgt dafür, dass wir dort ankommen. Bei meinem Orientierungssinn würden wir manches nicht erreichen.

Diese Aufteilung gilt auch für die praktischen Fragen von Haushalt und Familienorganisation. Von außen betrachtet sind wir hier eher traditionell unterwegs. Aber mein Mann packt auch mit an – und vor allem räumt er immer ganz selbstverständlich die Küche auf.

Im Umgang mit Geld sind wir uns einig, da gibt es keine Reibungspunkte. Wir hatten Zeiten, in denen es nicht nur knapp, sondern sehr knapp war. Das will ich rückblickend nicht glorifizieren. Manches Mal mussten wir gut überlegen, was geht und was nicht. Aber von Anfang an hatten wir ein gemeinsames Konto: nicht deines, nicht meines – sondern unseres. Diesen Bereich gut abzustimmen, ist in einer Partnerschaft nicht ohne und könnte schnell zu Konfliktstoff führen. Was am besten für die eigene Beziehung passt, sollte jedes Paar selbst entscheiden.

Was uns auch noch mal in besonderer Weise miteinander verbunden hat, war der gemeinsame Start im Süden nach 22 Jahren in Marburg. Damit verbunden war, dass unser letztes Kind aus dem Haus ging. Also: Kinder weg und Freundinnen weg. Nur noch der Mann war da. Da war es nötig, miteinander am neuen Ort einen Weg zu finden. Uns in einer neuen Umgebung zurechtzufinden, neue Aufgaben zu bewältigen und Freundschaften zu schließen. Dass das gelungen ist, erleben wir als ein großes Geschenk.

Andererseits waren wir durch diesen Wechsel an einer wichtigen Schnittstelle unseres Lebens sehr aufeinander angewiesen.

Aber jetzt klopft unüberhörbar das dritte Drittel des Lebens an und ich frage mich: »Wie halten wir miteinander durch?« Eine Freundin, die Single ist, sagt manchmal: »Wenn ihr es nicht schafft, sind meine Hoffnungen zerstört, dass es überhaupt möglich ist! Denk dran, ihr tragt eine große Verantwortung!« Sie sagt es augenzwinkernd, doch es stimmt mich nachdenklich. Ja, ob es uns bewusst ist oder nicht – immer tragen wir auch eine Verantwortung für andere. Wir sind Vor-Bild. Dem will ich mich auch dort stellen, wo es mir gerade nicht so leichtfällt.

Und ich ahne schon, dass in der neu beginnenden Lebensphase manche Hürden dazukommen werden, die ich nicht so mir nichts, dir nichts überspringen werde. Manche Verhaltensweisen haben sich eingeschlichen, wo wir schauen müssen, wie wir damit umgehen. Da braucht es auch viel Nachsicht miteinander. Gerade im Anschluss an meine Knie-OP fühlte es sich wie eine kleine Testphase an. Ob wir miteinander durchhalten? Ich hoffe es sehr – und das wollen wir beide, auch wenn wir darüber gar nicht so direkt sprechen. Dass es gelingt, können wir nicht garantieren, aber sicher einiges dafür tun. Doch am Ende bleibt es Gnade und Geschenk – und damit unverfügbar. Darum bitten können wir, und während ich das schreibe, denke ich: »Oh ja, das will ich gerne tun. Vielleicht mehr als bisher!«

Omas for future

Es ist so weit: Wir sind Großeltern und freuen uns riesig darüber! Wir können es weder beschleunigen – noch verhindern. Gut so! Aber ich merke, dass damit auf einmal neue Fragen und Herausforderungen ein Gesicht bekommen. Es sind keine Fragen an sich – sondern für mich! –, die mich seitdem beschäftigen. Zum Beispiel: Was für eine Erde hinterlassen wir eigentlich unseren Kindern und Enkeln?

In den 1980er-Jahren haben wir Bücher gelesen wie Ronald Sider: »Der Weg durchs Nadelöhr – Reiche Christen und Welthunger«[55]. Im Kalten Krieg hat uns die Frage nach dem Frieden intensiv beschäftigt. Und nun frage ich mich manchmal: Was ist aus diesen Fragen geworden? Haben wir uns tatsächlich dreißig Jahre lang in den persönlichen Bereich zurückgezogen? Wann sind uns diese gesellschaftlichen Fragen eigentlich abhandengekommen?

Nun haben wir bisher wenig Flugreisen gemacht, aber nicht so sehr aus Überzeugung, sondern eher, weil wir über viele Jahre kein Geld dafür hatten. Fertigprodukte gab es fast nicht und ich habe immer gerne auf dem Wochenmarkt eingekauft. Secondhandmärkte habe ich geliebt, und in einer Universitätsstadt wie Marburg waren sie voll im Trend. Aber reicht das schon, um ein ökologisch reines Gewissen zu haben?

Es geht mir nicht darum, meinen Lebensstil zu verteidigen, und die Vergangenheit lässt sich ja nicht mehr ändern. Aber umso mehr möchte ich heute aufmerksam sein und überlegen: Was können wir tun? Was sollen wir lassen? Und ich bin hellhöriger in Bezug auf Initiativen, die sich mit solchen Fragen beschäftigen. Dazu gehört auch »Omas for future«.

Was tun wir für die Zukunft?

In einem Artikel der »Brigitte WIR« bin ich auf diese Initiative aufmerksam geworden[56]:

> Ich habe einen Traum, sagt Cordula Weimann: »Wenn alle mitmachen, können wir etwa 30 Prozent unseres CO_2-Ausstoßes vermeiden. Wir müssen nur ein wenig unser Leben ändern. Den Hahn aufdrehen, statt Wasser in Plastikflaschen zu kaufen, das Auto stehen lassen, ökologisch bewusst einkaufen.«

Die Gründerin von »Omas for Future«[57] meint: »Wir Älteren sind an der Reihe, etwas zu verändern, schon aus Liebe zu unseren Kindern. 56 % der Wähler*innen sind über 50. In den Lebensjahren zwischen 50 und 70 verbrauchen sie das meiste CO_2.« Die Kinder sind aus dem Haus, man behält die große Wohnung und viele haben genügend Geld zur Verfügung. Das trifft auch auf uns zu! Aber als Menschheit haben wir keinen Planeten B. Wie gehen wir also mit unserer Erde um?

Diese Frage beschäftigt mich in den letzten Jahren zunehmend, aber noch einmal: Jetzt hat sie ein Gesicht! Ich stelle mir unseren Enkel vor und frage mich: Was erwartet ihn? Und was können wir jetzt und heute für eine gute Zukunft tun? Mit dieser Frage bin ich nicht fertig, und vielleicht sind die Fotovoltaikanlage, der Verzicht auf Plastikflaschen und der bewusst regionale Einkauf nur erste Schritte. Aber es sind Schritte. Zugleich gibt es Dinge, vor denen ich mich gerade noch drücke, zum Beispiel, auf Fleisch zu verzichten. Auch bei schöner Kleidung kaufe ich manchmal mehr, als ich brauche. Aber der Vorsatz ist da, bewusster und weniger zu kaufen. Flugreisen versuchen wir privat, so gut es geht, einzuschränken.

Ich frage mich auch: Kann es sein, dass gerade wir Christinnen und Christen ein echtes Mandat haben, die Schöpfung zu bewahren? Und ist das vielleicht viel praktischer als gedacht? Wenn mich diese Frage nonstop beschäftigen würde, hielte ich das nicht aus, aber ich will meine persönlichen Schritte gehen, um die Erde für die Generation meines Enkels zu erhalten.

Großeltern zu sein hat darüber hinaus aber auch sehr persönliche Aspekte, nämlich in eine neue Rolle hineinzufinden.

Ich bin jetzt Omi

»Denk dran«, meinte mein Mann zu mir, als unser Enkel geboren wurde, »du bist jetzt OMI: ›Ohne meine Intervention‹ ist das Motto.« Was für eine gute Eselsbrücke. Es ist gar nicht so viel, was man als Omi können muss, »Klappe halten« gehört aber eindeutig dazu. Immer wenn Großmütter miteinander ins Gespräch kommen, ist das ein Thema. Und es ist so wichtig: »Klappe halten« und sich auf keinen Fall ungefragt einmischen. Für mich als ehemalige Kinderkrankenschwester und Mutter von drei Kindern ist das die »Königsdisziplin«. Aus meiner Sicht gelingt es bisher ganz gut – aber um es genauer zu wissen, müssten Sie unsere Tochter fragen. Um zu zeigen, was wir denken, müssen wir ja nicht mal den Mund aufmachen, manches sieht man uns einfach an. Trotzdem, das will ich mir merken und es weiter üben: mich nicht ungefragt einzumischen.

Nur zu gut kann ich mich noch erinnern, wie nicht meine Mutter, aber meine Großmutter bei jedem Urenkel immer wieder fragte: »Geht er denn schon aufs Töpfchen?« Als ob das der bevorzugte und wichtigste Ort wäre, an dem sich ein Kind aufhalten sollte. Da habe ich, wenn ich es mir recht überlege, ganz andere Dinge, die mich bewegen und die mir wichtig sind.

Wünsche an meine Enkel

Welche Hoffnung möchte ich mit meinen Enkeln teilen und was will ich ihnen erzählen? Welche Geschichten reiche ich weiter? Was ist mein Vermächtnis? Dazu lerne ich viel von dem Theologen Fulbert Steffensky, der schreibt:

> Eine unserer Enkelinnen hat, als sie klein war, die Frage nach ihrem eigenen Anfang gestellt: »Wo war ich, als ich noch nicht geboren war?«, hat sie meine Frau gefragt. Diese hat beiläufig geantwortet: »Du warst noch nicht da.« Die Enkelin hat auf ihrer Frage bestanden und sich schließlich selbst die Antwort gegeben: »Ich war noch in Gott versteckt!«
> Sie hat sich ihre eigene Schöpfungsgeschichte erzählt und sich selber gesungen: Mein Anfang war gut!, oder in ihren Worten: »Ich war in Gott versteckt.« Die Hoffnung singt das Lied der alten Anfänge: Es war einmal! Einmal hat es den guten Anfang des Lebens in der Schöpfung gegeben. Einmal hat es einen neuen Anfang nach dem Weltuntergang der Sintflut gegeben. Einmal hat es den neuen Anfang nach der Sklaverei in Ägypten gegeben. Einmal hat Gott sein Volk befreit aus der Gefangenschaft in Babylon und hat es geführt in das versprochene Land. Es sind nicht nur diese religiösen Anfangsgeschichten, die unsere Hoffnung nähren.

> Wenn Familien zusammen sind und sich ihre eigenen alten Geschichten erzählen, sind es meistens Geschichten des Entrinnens und der neuen Anfänge.[58]

Uns erinnern und Hoffnung teilen ist vielleicht das Wichtigste, was wir für sie tun können. Wie schön wäre es, wenn unsere Enkel (oder Großnichten und Großneffen, Patenenkel oder Nachbarskinder) eine solche Hoffnung an unserem Leben ablesen können.

Eine Generation wird auch daran gemessen, was sie ihren Kindern und Enkeln hinterlässt. Das erinnert mich an den Propheten Elia. Elia hat seine Arbeit getan und soll die Erde verlassen (2. Könige 2,1-14). Mit seinem liebsten Schüler Elisa kommt er an den Jordan, der im Gegensatz zu heute viel Wasser trägt. Elia schlägt mit seinem Mantel auf die Wellen, die Fluten gehen zurück und sie können auf trockenem Boden hindurchgehen. Dann »fährt« Elia mit einem Wagen in den Himmel, Gott holt ihn zu sich. Aber er lässt seinen Prophetenmantel zurück, der nun auf Elisa gehört. Elisa kehrt um, kommt an den Jordan und schlägt wie Elia mit dem Mantel auf den Fluss. Wiederum teilt der Jordan sich, sodass Elisa trocken ans andere Ufer kommt.

Elisa ist nicht allein. Er hat den Mantel und den Geist des Propheten Elia.

Welche Mäntel hinterlassen wir unseren Kindern und Enkeln? Worin können sie sich bergen und womit können sie sich wärmen? Der verstorbene frühere Bundespräsident Johannes Rau hat diese Frage auf dem Kirchentag 2005 so beantwortet:

> Wenn Menschen meiner Generation mich fragen,
> was sie denn weitergeben sollten,

dann sage ich ihnen dies:
Sagt euren Kindern, dass euer Leben verdankt
ist dem Lebenswillen Gottes.
Sagt ihnen, dass euer Mut geliehen war,
von der Zuversicht Gottes.
Sagt ihnen, dass eure Verzweiflung geborgen
war in der Gegenwart des Schöpfers. …
Und sagt ihnen zu guter Letzt, dass die stete Bereitschaft
zum Aufbruch die einzige Form ist,
die unsere Existenz zwischen dem Leben hier
und dem Leben dort wirklich ernst nimmt.[59]

Weil ich in diesen Fragen und in meiner Rolle als Großmutter noch am Anfang stehe und andere schon viel weiter sind, möchte ich noch einmal Fulbert Steffensky zu Wort kommen lassen:

> Was hinterlassen wir unseren Nachkommen, wenn wir sterben? Ich frage nicht nach materiellen Gütern, sondern nach dem Geist und den Lebenskräften, die wir überliefern. Ich stelle die Frage nicht ohne Angst. Wenn ich bei meinen Kindern und Enkeln einen Gesichtsausdruck, eine Reaktion, eine Geste erkenne, die meinen eigenen ähnlich sind, erschrecke ich. Was habe ich ihnen vermacht? In ihr Leben ist alles eingewoben, was mir selber nicht gelungen ist, was ich versäumt habe, was meine Fehler sind. Und so frage ich mich manchmal, was ich meinen Nachkommen an Lebensmöglichkeiten verwehrt habe. Wir sind auch immer auf die Vergebung unserer Nachkommen angewiesen. Aber, so sage ich mir, wir sind nicht unendlich, auch nicht unendlich in dem,

was wir anrichten. Man kann in demütiger Heiterkeit zugeben, dass die Unverwüstlichkeit des Lebens stärker ist, als die Verwüstungen, die wir anrichten – besser so gesagt: dass Gott größer ist als unsere Schuld. Wir sind nicht allmächtig, auch nicht in unserer Schuld und in dem, was wir falsch gemacht haben. Gott sei dank – wir sind endlich! Nein, wir hinterlassen unseren Nachkommen nicht nur unsere Lebensschulden. In demütigem Stolz können wir auch sehen, dass die, die nach uns kommen, von den Lebensbroten leben, die wir für sie gebacken haben. Sie sind die Erben unseres kleinen Gelingens, nicht nur unserer Schulden.[60]

Die Bibel und ich

Was haben Sie für eine Geschichte mit der Bibel? Oder finden Sie die Frage merkwürdig? Ich denke, dass das eine entscheidende Frage ist, wenn wir uns die immer wieder neuen Diskussionen rund um das Verstehen von Gottes Wort anschauen. Da geht es auf den ersten Blick um objektive theologische Fragen. Aber ich vermute, dass uns unsere eigene Geschichte mit der Bibel in dieser Hinsicht oft mehr geprägt hat, als uns bewusst ist:

- Was hat man uns erzählt?
- Wie sind Menschen in unserer Umgebung mit der Bibel umgegangen?
- Wurden Fragen zugelassen – oder musste alles immer schon klar sein?
- Wie wurde die Bibel ausgelegt?

Wie wir die Bibel erlebt haben, wie andere mit ihr umgegangen sind und von ihr erzählt haben, das hat unser Grundverständnis geprägt. Das gilt auch für alle mehr oder weniger prominenten Stimmen im Land. Deshalb lohnt es sich, da einmal genauer hinzuschauen.

Wie so oft ist die persönliche Perspektive hilfreicher als theoretische Abhandlungen – zumindest für mich. Erinnern Sie sich an den Buchtitel: »Die Bibel & ich – Von einem, der auszog, das Buch der Bücher wörtlich zu nehmen«[61]? Da hieß es: »Stellen Sie sich vor, Sie dürfen ein Jahr lang nicht lügen, nicht Ihres Nachbar iPhone begehren und nicht fluchen.« Vielleicht sagen Sie ja: »Na, das ist für mich doch selbstverständlich!« Aber es könnte sein, dass das nicht für alle Menschen so ist, auch nicht für alle Christen.

A. J. Jacobs, Autor des Buchs »Die Bibel & ich«, der sich selbst als nicht gläubig bezeichnet, hat versucht, die Hebräische Bibel in einem persönlichen Selbstversuch wörtlich zu befolgen. Nicht etwa ausgewählte Regeln, sondern sämtliche Gesetze – auch die seltsamsten: Er lässt seinen Bart ungestutzt, gibt jeden Morgen einen ordentlichen Schuss Olivenöl in sein Haar und trägt ein weißes Gewand. Seinen Gästen bietet er bei der Ankunft ein Fußbad an und zweimal am Tag spielt er auf einer zehnsaitigen Harfe. Er versucht sogar, im New Yorker Central Park »Ehebrecher« mit Kieseln zu steinigen – oder sie ihnen wenigstens auf ihre Füße zu werfen. Seiner Frau wird das Experiment eher lästig, aber er macht weiter. Alles in allem ist seine »Gesetzestreue« in dieser ungewohnten Perspektive durchaus aufschlussreich. Und es hilft, vor allem die Texte des Alten Testaments noch einmal anders zu sehen. Wer weiß, was wir dabei alles entdecken können.

»Die Bibel & ich« – wie würden Sie diese Frage beantworten?

Meine Bibel-Geschichte

»Frau Rösel, lassen Sie uns doch mit den Kindern das Lied singen: ›Lies die Bibel, bet jeden Tag, wenn du wachsen willst!‹« Als jemand kürzlich bei einer Veranstaltung diesen Vorschlag machte, dachte ich: »Es wird tatsächlich immer noch gesungen!« Dabei ist es mehr als ein halbes Jahrhundert her, dass ich dieses Lied selbst in der Sonntagsschule gelernt habe. Es ist Teil meiner »Bibel-Geschichte«. Die Bibel gehörte von Anfang an dazu und das ist ein großer Schatz. Meine Mutter und mein Vater haben uns aus der Kinderbibel von Anne de Vries vorgelesen. Unsere drei Kinder sind dann, wie viele in ihrer Generation, mit der Kinderbibel von Kees de Kort aufgewachsen. Manche seiner Bilder zu biblischen Geschichten sind uns bis heute sehr vertraut.

Die Bibel ist schon immer ein Teil meines Lebens, was für ein Geschenk. Aber es gibt auch andere Erinnerungen. Wenn ich bei meinen Großeltern zu Gast war, sind die zwei nach dem Frühstück »nach vorne« gegangen, das heißt, sie haben sich zurückgezogen, um gemeinsam die Bibel zu lesen und zu beten. Eine gute Angewohnheit. Woran ich mich bis heute neben der Milch-Haferflocken-Suppe mit einem Klecks Honig in der Mitte erinnere, ist jedoch die ernste Atmosphäre, die damals dazugehörte. Bibellesen ist eine ernsthafte Angelegenheit – und wir tun es freiwillig jeden Tag. Auch das ist Teil der »Muttersprache meines Glaubens«, bis hin zu dem Verständnis: »Wenn wir es nicht tun, dann ist Jesus traurig.« Rückblickend eine merkwürdige Vorstellung, als wenn unser Herr im Himmel damit beschäftigt wäre, das zu überprüfen.

Aus dem Gespräch mit anderen habe ich aber den Eindruck, dass manche es genau so wahrnehmen, dass wir diese Grunderfahrung miteinander teilen: Wir »machen« am Morgen stille Zeit mit der Bibel, damit der Tag gut wird. Dieses doch recht schlichte Verständnis von Ursache und Wirkung gehörte für mich dazu. Dass Bibellesen schön sein kann, eine Sehnsucht weckt und Freude macht, etwas zu entdecken – das habe ich erst später erfahren. Hier war es nötig und hilfreich, dazuzulernen.

Bibeltexte für mich persönlich zu entdecken und zu überlegen, welche Relevanz sie haben – das kenne ich. Manches habe ich gelernt, indem ich in der Jungschar und im Teenkreis selbst Themen vorbereitet habe. Ich überlegte: »Wie ist das zu verstehen? Wie kann ich es anderen erklären?«, und habe vermutlich selbst am meisten davon profitiert.

Wenn ich nach einem roten Faden in meinem Leben schaue, ist es die Lust, Menschen zu ermutigen, ihr Leben Gott anzuvertrauen und mit ihm zu leben. Das haben auch andere so gesehen, und so bin ich wie bereits erwähnt 1986 für zwei Jahre zur theologischen Ausbildung nach St. Chrischona bei Basel gegangen. Dort gab es zu dieser Zeit das »Prediger- und Missionsseminar« für Männer und eine Bibelschule für Frauen. Mit Rockpflicht und strammem Programm. Nicht immer war ich sicher, dass ich das durchhalte, aber das Ziel, in die hauptamtliche Kinder- und Teenagerarbeit einzusteigen, hat mich motiviert. Mit dem Abschluss war ich »hauptamtliche Mitarbeiterin« im Reich Gottes!

Heißt »hauptamtlich« gleichzeitig: berufsmäßig überzeugt? Für mich eher nicht.

Deshalb möchte ich mir selbst die Frage gefallen lassen: »Wo liebst du, was du liest?« Wo gibt es diese »zweckfreien« Begegnungen mit dem Wort Gottes, die nur Gott und mir gehören? Wo habe ich Zeiten, mein Herz zu nähren?

Für mich, aber auch im Dienst für meine Mitmenschen. Denn ich glaube, dass die Menschen spüren, was uns hält und trägt.

Freude am Wort Gottes

Psalm 1 bringt die Lust, diese Freude, am Wort Gottes in einer besonderen Weise zum Ausdruck:

> Wohl dem, der nicht wandelt im Rat der Gottlosen noch tritt auf den Weg der Sünder noch sitzt, wo die Spötter sitzen, sondern hat Lust am Gesetz des Herrn und sinnt über seinem Gesetz Tag und Nacht!
> Der ist wie ein Baum, gepflanzt an den Wasserbächen, der seine Frucht bringt zu seiner Zeit, und seine Blätter verwelken nicht. Und was er macht, das gerät wohl.
> Aber so sind die Gottlosen nicht, sondern wie Spreu, die der Wind verstreut. Darum bestehen die Gottlosen nicht im Gericht noch die Sünder in der Gemeinde der Gerechten.
> Denn der Herr kennt den Weg der Gerechten, aber der Gottlosen Weg vergeht!
> *Psalm 1,1-6*

Der Psalm beschreibt ein weisheitliches Nachdenken über gelingendes Leben. Bei oberflächlicher Betrachtung kann er leicht missverstanden werden, aber dahinter steckt viel weniger Schwarz-Weiß-Denken, als es auf den ersten Blick scheint.

Was bedeutet es, dass hier ein Mensch ist, ein Beter, der Lust hat am Gesetz des Herrn und über diesem Gesetz nachsinnt, Tag und Nacht? Wie kann man am Gesetz Lust haben?

In der jüdischen Glaubenspraxis werden die fünf Bücher Mose auf kostbare Thora-Rollen geschrieben. An besonderen Festen werden sie tanzend herumgetragen, vor Freude über diese gute Lebensweisung. Zur Thora gehören nicht nur die Gesetze, sondern auch die Erzählungen: von Abraham, der mutig in eine ungewisse Zukunft aufbricht, weil er Gott vertraut. Von der Errettung der Israeliten aus der Sklaverei in Ägypten. Von der Schöpfung, die Gott den Menschen anvertraut. All das ist »Thora«. Luther und viele andere übersetzen dieses hebräische Wort mit »Gesetz«, aber besser trifft es wohl »Weisung« (Martin Buber). Thora ist die Weg-Weisung, die die Richtung für ein gelingendes Leben zeigt.

Im ersten Psalm spricht also nicht ein rechthaberischer Moralist, sondern der Erfahrene, der Bewährte (Martin Buber). Der Mensch, der Lust hat an der Weisung Gottes und darüber Tag und Nacht nachsinnt. Wer dieser Wegweisung Gott folgt, findet Lebensglück.

Aber stimmt das wirklich? Schon die Psalmen selbst stellen das an anderer Stelle deutlich infrage. Den Beter von Psalm 73 beschäftigt nämlich genau das: Warum geht es den Gottlosen so gut? Und er erspart Gott und sich selbst nicht die Fragen, die das mit sich bringt. Erst am Ende kommt er zu der Einsicht: »Dennoch bleibe ich stets an dir; denn du hältst mich bei meiner rechten Hand, du leitest mich nach deinem Rat und nimmst mich am Ende mit Ehren an« (Psalm 73,23-24).

Also wieder keine schlichte Schwarz-Weiß-Lösung, sondern eher ein langer Lernprozess bis hin zur Erkenntnis, dass Lebensgewinn sich nicht immer sichtbar verrechnen lässt. Trotzdem bleibt diese Lebenszuversicht zu dem Gott, der mich und mein Leben in seinen Händen hält. Im Bild von Psalm 1: Auch der welkende, scheinbar unfruchtbare Baum steht fest und er wird blühen und Frucht bringen – vielleicht noch nicht jetzt – aber zu seiner Zeit. Und der Lebensweg des Gerechten ist nicht als seine eigene Leistung so fruchtbar und gelingend, sondern weil Gott ihn kennt und ihn sorgend und liebend begleitet:

> Wie glücklich ist ein Mensch, der Freude findet an den Weisungen des Herrn, der Tag und Nacht in seinem Gesetz liest und darüber nachdenkt. Er gleicht einem Baum, der am Wasser steht; Jahr für Jahr trägt er Frucht, sein Laub bleibt grün und frisch. Was immer ein solcher Mensch unternimmt, es gelingt ihm gut!
>
> *Psalm 1,2-3; GNB*

Freude am Wort Gottes – ganz praktisch

Für Freude braucht man Zeit. Das ist auch beim Lesen der Bibel nicht anders. Nun geht es mir im Alltag vermutlich ähnlich wie Ihnen: Manchmal reicht es nur für wenig – zum Beispiel für das Losungswort am Morgen. Aber ich habe mir abgewöhnt, von »nur« zu sprechen. Stattdessen will ich mich an guten Gewohnheiten freuen. Dann tut es auch gut, Zeit zu haben für das Wort Gottes. Bibelworte in Ruhe zu betrachten, ihnen Zeit zu geben. Vielleicht auch mal eine neue Übersetzung zu wählen. Manches ist uns im Laufe unseres Lebens so vertraut, dass wir Zeit brauchen für neue Entdeckungen. Mir helfen dabei gute Fragen, die mich einladen, noch einmal genauer hinzuschauen:

- Was entdecke ich heute?
- Wenn ich die Worte mit unterschiedlicher Betonung ausspreche, öffnen sich in manch einem Text kleine Fenster. Was kann ich dadurch jeweils sehen?
- Gibt es ein Wort, das mein Herz wärmer macht?
- Was, wenn Jesus zu mir sagen würde: »Mein Freund, meine Freundin«?
- Ich »behalte« dieses Wort – und verbinde es mit meinem Atemrhythmus.
- Besondere Entdeckungen schreibe ich mir auf, ein Schatz, von dem ich schon oft profitiert habe.

Welche Bibel darf es sein?

Wenn man wie ich mit dem Generalsekretär der Deutschen Bibelgesellschaft verheiratet ist, können Sie sich unschwer vorstellen: Wir haben mehr als eine Bibel! Seit 2021, als die BasisBibel als Vollbibel erschienen ist, lese ich meist diese Übersetzung. Aber für die Psalmen greife ich auf eine kleine Extraausgabe nach der Übersetzung Martin Luthers zurück.

Wenn ich in der Bibel lese, sitze ich bewusst nicht am Schreibtisch, sondern in einem Korbsessel neben einem kleinen Tisch. Darauf steht eine Kerze, eine Tasse frisch gebrühter Schwarztee und dort liegt das Neue Testament meiner Patentante Lilli, die schon sehr früh verstorben ist.

Diese kleine schwarze Bibel von 1883 ist schon durch so manche Hände gegangen. Als Lesezeichen liegen darin vergilbte Abziehbilder und Kalenderblätter von 1936. Das Buch erinnert mich daran, dass wir nicht die Ersten, aber auch nicht die Letzten sind, die in der

Bibel lesen und davon leben. Und ich möchte mich gerne einreihen in die Reihe derer, denen die Heilige Schrift wichtig ist – und sie einmal weiterreichen an die, die nach uns kommen.

Störungen sind das »neue Normal«

Kennen Sie Stehaufmännchen? Als unsere Kinder klein waren, hatten sie eines zum Spielen. Wenn man es antippte, fing es an zu wackeln, aber irgendwann stand es wieder gerade. Und wenn man es umwarf, kippelte es so lange hin und her, bis es wieder gerade stand. Es gibt Dinge, die bringen uns aus dem Gleichgewicht, aber es ist möglich, sie zu bewältigen. Nicht sofort, für vieles brauchen wir auch Unterstützung – aber Menschen können Widerstandskraft entwickeln.

Angesichts einiger Unwägbarkeiten, die ich in unserem Umfeld beobachte, frage ich mich: Welche Kompetenz hilft eigentlich im dritten Drittel des Lebens? Was brauche ich jetzt an Mechanismen, um damit gut umzugehen? Bin ich dafür gerüstet?

Als ich mit einer Freundin telefoniere und wir darauf zu sprechen kommen, meint sie: »Ehrlich, ich habe das Gefühl, Störungen sind in dieser Lebensphase das neue Normal!« Ein wirklich geerdeter Gedanke. Liegt hier vielleicht der Schlüssel für die Fragen, die mich in den letzten Wochen bewegen?

Kann es sein, dass ich mich an diesen Gedanken schlicht gewöhnen muss, anstatt ihn zu bekämpfen? Um noch einen Schritt weiterzugehen: Wie wäre es, mich mit diesem Gedanken anzufreunden und zu sagen: »So ist das! Das gehört jetzt dazu«, statt meine Kraft, vor allem meine seelische Kraft, darauf zu verwenden, mir die unterschiedlichsten Szenarien auszumalen und alles dafür zu tun, dass alles möglichst so bleibt, wie es ist. Genau genommen geht das ja sowieso nicht, auch wenn wir manchmal so tun.

Störungen sind also das neue Normal. Das gehört jetzt dazu – besser, ich gewöhne mich daran. Sie sind Teil unseres Lebens. Schon immer – und beim Start in den nächsten Lebensabschnitt werden sie zunehmen. Ganz sicher. Wenn ihr also schon kommt, ihr Störungen, dann will ich versuchen, mich darauf einzustellen:

- Wie kann es gelingen, gut mit Störungen zu leben?
- Was brauche ich dafür, dass sie zwar Dinge und Pläne durcheinanderwirbeln, mich aber nicht völlig aus der Kurve werfen?
- Wo finden wir gemeinsam einen Weg?
- Es muss nicht Plan A sein – Plan B ist auch gut.
- Wie wichtig und wesentlich ist diese Störung mit einigem Abstand betrachtet? Kann es sein, dass dann manches gar nicht mehr so schlimm ist?
- Wir sind in allen Unwägbarkeiten nicht alleine – Gott, du bist und bleibst an unserer Seite.
- Da sind Menschen, die zu uns gehören, und wir können Dinge gemeinsam bewältigen.

Wieder einmal lande ich bei dem Thema Resilienz oder innere Stärke. Was sind das für Fähigkeiten, die uns helfen, unsere seelische Widerstandskraft zu stärken? Um diese Frage bemüht sich die psychologische Forschung seit vielen Jahren. Wie sieht der Schutzschild aus, der Menschen hilft, auch schwierige Zeiten zu überstehen?

In der Literatur sind dazu sieben Schritte hin zu innerer Stärke beschrieben.[62]

Erster Schritt: Das werden wir schon schaffen – Optimismus

Eine optimistische Grundhaltung ist ein wesentlicher Schritt zu innerer Stärke. Optimismus bedeutet nicht, sich die Dinge schönzureden oder alles durch eine rosarote Brille zu betrachten. Aber Optimismus ist aktiv, vielleicht sogar so etwas wie eine existenzielle Trotzreaktion. Um diesen »Hoffnungsmuskel« zu stärken, kann vielleicht die Frage helfen: Wann habe ich schon einmal eine schwierige Situation gemeistert und was habe ich dadurch gelernt?

Zweiter Schritt: Nimm das Leben, wie es ist – Akzeptanz

Die aktuelle Situation zu akzeptieren, ist unter Umständen eine große Herausforderung. Ich habe mir vorgenommen, im Kleinen anzufangen, das zu üben. Eine ältere Dame sagte einmal zu mir: »Ich zähle nicht, was ich verloren habe, sondern das, was mir geblieben ist.« Das ist ein guter Vorsatz! Es ist gerade dann wichtig, wenn früher oder später manches eben weniger wird. Anstatt darüber zu klagen, will ich mich auf das fokussieren, was geblieben ist.

Dritter Schritt: Eine neue Normalität braucht neue Ziele

Es gibt Situationen in unserem Leben, die von einem Tag auf den anderen alles schlagartig verändern. Darauf können wir uns nicht vorbereiten, das können wir nicht trainieren. Es ist gewissermaßen eine neue Normalität, die jetzt unser Leben ausmacht. Und wir müssen unsere Ziele daran anpassen.

Vierter Schritt: Raus aus dem Schneckenhaus – die Opferrolle verlassen

Nun kann eine solche Situation ja unterschiedlich aussehen. Wir Menschen werden oft zunächst einmal Opfer von Dingen, die uns passieren. Ein Grundgefühl ist häufig: Da kann man nichts machen, hier bin ich völlig ausgeliefert. Aber stimmt das? Vielleicht haben wir nur sehr kleine Kraftreserven, aber wenn diese für winzige Schritte reichen, sind es schon Schritte heraus aus der Opferrolle. Das Mandat dazu liegt jedoch bei dem betreffenden Menschen und es ist unangemessen und oftmals auch unbarmherzig, es von außen einzufordern.

Fünfter Schritt: Verantwortung übernehmen

Der fünfte Schritt knüpft nahtlos an den vierten an: Wie kann es gelingen, die Fäden wieder in die Hand zu nehmen? Wo versuche ich, das zu tun? Ich will die Verantwortung nicht anderen zuschieben, sondern selbst für mein Leben und meine Entscheidungen verantwortlich sein. In Bezug auf die nächste Lebensphase gibt es da sicher einiges zu bedenken und auf den Weg zu bringen.

Sechster Schritt: Umgib dich mit Verbündeten

Widerstandsfähige Menschen sind keine Einzelgänger. Sie versuchen gar nicht erst, ihre Probleme im Alleingang zu bewältigen. Ich kann und ich muss nicht alles alleine lösen. Diese Fähigkeit, sich Unterstützung zu suchen und darum zu bitten, zeichnet die Menschen aus, die innere Stärke leben.

Siebter Schritt: Zukunftsorientierung
Und schließlich geht es um Ausdauer. Dazu gehört, Umwege und Irrwege nicht nur in Kauf zu nehmen, sondern von dort aus weiterzuplanen. Manches wird sich in unserem Leben nicht so erfüllen, wie wir es uns vorgestellt haben. Damit ist aber das Leben noch nicht zu Ende. Wenn es dran ist, will ich mich von Vorstellungen verabschieden, manches vielleicht auch noch einmal richtig betrauern, aber dann weitergehen. Das kostet Kraft. Aber innere Stärke zu gewinnen heißt: Ich mache mich auf den Weg.

Vielleicht sind Sie ein paar diese Schritte schon gegangen, andere stehen noch aus. Manches fällt leichter als anderes.

- Können Sie mit diesen Schritten etwas anfangen?
- Gibt es welche, die Sie schon umsetzen?
- Bei welchen würde es sich lohnen, sie auszuprobieren und es einmal zu versuchen?
- Welches sind Ihre Vertrauenspersonen? Wen fragen Sie um Rat?

Vorwärtsleben – der Podcast für Babyboomer

Social Media – ich auch? Und wenn ja, wie soll das aussehen? Facebook kommt eigentlich ohne mich ganz gut aus. Ein wenig schaue ich auf Instagram. Manches finde ich interessant, das hätte ich sonst vielleicht nicht entdeckt – aber vieles und viele, die beachtet werden wollen und um Aufmerksamkeit werben, finde ich ermüdend.

Nun ist es nicht meine Sache, das zu bewerten – aber doch ist jeder herausgefordert, seinen eigenen Weg zu finden. Und siehe da, auch ich habe in den letzten Jahren für mich etwas neu entdeckt: Podcasts.

Ich mag es, unterhalten zu werden und gleichzeitig eine Menge zu lernen. Auf diese Weise stoße ich auf Ideen und lerne manche Bücher kennen, die ich sonst nie gelesen hätte. Ein großer Vorteil ist: Podcasts kann ich hören, wann und wo ich will – oft beim Kochen oder Putzen. Auch so manche gemeinsame Autofahrt haben sie schon »abgekürzt« und Gesprächsstoff geliefert. Besonders gelungen finde ich einen Podcast, wenn ich das Gefühl habe, ich würde mit am Tisch sitzen und wäre Teil des Gesprächs. Meine Lieblingspodcasts sind unter anderem »Was jetzt?«, der Nachrichten-Podcast von ZEIT ONLINE, »Das Wort und das Fleisch« und seit Kurzem auch »Babyboomer Stories«[63].

Aber nicht nur das, gemeinsam mit René Winkler vom TSC St. Chrischona, in der Nähe von Basel, habe ich sogar einen Podcast gestartet: Vorwärtsleben – der Podcast für Babyboomer![64]

Wie setzen wir ein Thema? Auf welchen Kanälen sind wir unterwegs? Und was macht uns selbst Spaß? Diese Fragen waren für uns die Initialzündung, dieses Podcast-Experiment zu starten. Inhaltlich geht es um die Frage, wie der Start ins »dritte Drittel« des Lebens gelingt. Das beschäftigt uns nicht nur theoretisch, sondern es betrifft uns selbst. Deshalb suchen wir nach verheißungsvollen Antworten. Wir fragen mit Blick auf unsere Gesellschaft und Nachbarschaft, aber genauso mit dem Fokus auf christliche Gemeinschaften und Kirchen. Wir fragen als Deutsche und Schweizer – und blicken damit über eigene und andere Grenzen hinweg.

Dabei geht es in unserem Podcast immer wieder um die Frage: Wie kann es gelingen, inspiriert älter zu werden? Was wollen wir tun im neuen, vielleicht längsten Lebensabschnitt? Wie sieht jetzt ein erfülltes Leben aus? Endlich die richtige Mischung von »Tun und Lassen«: tun, wozu man begabt ist, und lassen, was nicht mehr sein muss.

Hört sich leichter an, als es ist? Vielleicht, aber was bleibt, ist die Sehnsucht, mit Perspektive älter zu werden. Dabei stellen sich folgende Fragen:

- Wie und wo finde ich meinen Platz?
- Wie gestalten wir mit unseren Ressourcen diese Gesellschaft mit?
- Was ist unser Beitrag für die kommenden Generationen?
- Wo werden wir wohnen?
- Was kann und will ich mir in Zukunft leisten?
- Welche Vorsorge gilt es zu treffen?
- Wie gelingt es, diesen Übergang mündig und glaubensstark zu gestalten?

René und ich sind beide keine Radio-Experten. Für uns ist dieser Podcast ein echtes Experiment, aber eines, das uns viel Spaß macht und gleichzeitig herausfordert. Auf diesem Weg lernen wir eine Menge, durch die Bücher, die wir lesen, aber vor allem durch die spannenden Gespräche und Begegnungen. Wir bereiten die Gespräche vor, wollen aber bewusst auch Raum lassen für das, was sich ergibt. Darin liegt ja der Charme dieses Formats: Obwohl Menschen uns zu Hause oder unterwegs zuhören, sind sie irgendwie mit dabei. Im Podcast begegnen wir zwar Expertinnen und

Experten, gleichzeitig sind es aber oft Menschen, die diese Fragen selbst betreffen.

Auf diese Weise machen wir uns auf die Suche nach tragfähigen Antworten, denn so viel ist uns schon jetzt klar: Einfache Patentrezepte will spätestens im dritten Drittel des Lebens niemand mehr – wir selbst schon gar nicht!

Wir wünschen uns außerdem, dass dieser Podcast Menschen miteinander vernetzt und verbindet. Vielleicht entsteht daraus etwas, das uns gemeinsam ermutigt, in Kirchen und Gemeinden Dinge auszuprobieren, um die Generation Babyboomer – also uns – neu zu erreichen.

Neulich wurde ich gefragt: »Aber sag mal, wer sind eigentlich die ›Babyboomer‹?« Es kommt darauf an, wo man nachschaut. Für die einen sind es die geburtenstarken Jahrgänge nach dem Zweiten Weltkrieg bis 1970, andere setzen das Zeitintervall geringfügig anders. Auf jeden Fall sind es alle, die zwischen 1955 und 1965 geboren sind. Ein unwissenschaftliches, aber treffendes Kriterium ist: Wer seit Kurzem altersbedingt in Rente ist oder in den nächsten Jahren in Rente geht, gehört dazu.

Generation Babyboomer und Gemeindebau

»Wo schickt der Heiland uns hin?« Auf einmal stand diese Frage im Raum, als wir uns mit Studienfreunden austauschten. Und wir fingen an zu erzählen, welche Gedanken wir uns so machen und wo die Einzelnen sich sehen an der Schwelle zum dritten Drittel des Lebens. Spannend und durchaus unterschiedlich. Nun gehören wir alle zu dem Kreis der »kirchlich Hochverbundenen« und sind damit vermutlich nicht repräsentativ für eine gesamte Generation. Trotzdem spiegelt schon unsere kleine Runde manches wider an Fragen, Sehnsüchten, Enttäuschungen und Ernüchterungen, aber auch den Impuls, uns weiter zu engagieren. Sinnvoll soll es sein. Doch was bedeutet »die Generation Babyboomer« für den Gemeindeaufbau?

Babyboomer als Zielgruppe

Wenn ich so darüber nachdenke, welche Initiativen in der Kirche in den letzten Jahren für einen Aufbruch gesorgt haben, fällt mir zum Beispiel »Kirche Kunterbunt«[65] ein. Und ich stelle mir die Frage, wie eine solche Initiative für die Menschen meiner Generation aussehen könnte.

Kirche Kunterbunt zählt zu den »Fresh Expressions of Church«, die noch einmal neu auf Menschen zugehen wollen. Sie hat 5- bis 12-Jährige und ihre Bezugspersonen gemeinsam im Blick. Junge Familien, Paten und Großeltern können hier Gemeinde erleben, auch wenn sie bisher wenig Bezug zu Glauben und Kirche hatten. Kirche Kunterbunt findet in der Regel monatlich statt und beinhaltet ein intensives Treffen mit Aktiv-Stationen zu einer Bibelgeschichte oder einem Thema, einer interaktiven Feierzeit und Tischgemeinschaft. Kirche Kunterbunt beteiligt, bringt Menschen ins Gespräch. Ein neues Beziehungsnetzwerk entsteht, in dem erste Schritte in Richtung Glaube möglich werden, auch für Erwachsene. Kirche Kunterbunt ist kein neues Kinderprogramm. Vielmehr entdecken hier Ältere und Jüngere gemeinsam den christlichen Glauben.

Nun geht es mir nicht in erster Linie um ein missionarisches Konzept, um Menschen meiner Generation auf Biegen und Brechen in die Kirche zu bekommen. Da gibt es manches in dieser Richtung in meiner Biografie, von dem ich mich bewusst verabschiedet habe. Allerdings stelle ich mir in letzter Zeit auch die Frage, ob ich da im Verlauf meines Lebens vielleicht zu stark auf der anderen Seite »vom Pferd gefallen« bin. Könnte es sein, dass das »Missionarische« jetzt vielleicht eher zu wenig geworden ist?

In jedem Fall ist es mir nicht egal, dass wir als Kirchen und Gemeinden für viele Menschen scheinbar nicht interessant genug, geschweige denn relevant sind. Mich bewegt die Frage, wie wir Räume öffnen können, in denen Menschen die Frage nach dem Sinn des Lebens, die Frage nach Gott stellen können.

In meinem beruflichen Engagement spielt seit 25 Jahren das sogenannte »Frühstückstreffen für Frauen«[66] eine entscheidende Rolle, zunächst als ehrenamtliche Mitarbeiterin im Team in Marburg, später dann bundesweit als Referentin: von Hamburg bis München, von Dortmund bis Frankfurt an der Oder. Viele Orte hätte ich sonst wohl niemals kennengelernt, das war ein schöner Nebeneffekt. Aber viel wichtiger ist mir, dass das »Frühstückstreffen für Frauen« aus meiner Sicht eine der großen »vormissionarischen Bewegungen« ist, auch wenn die Zahlen der Besucherinnen und Veranstaltungen in den letzten Jahren eher zurückgehen. Bei diesen Treffen kann man auf neutralem Boden, in Bürgerhäusern, Stadthallen und Restaurants, mit Menschen über Lebens- und Glaubensfragen ins Gespräch kommen.

Inzwischen gibt es dieses Format auch in kleinerem Rahmen in vielen Gemeinden. Als Mitarbeiterin und Referentin lerne ich, wie ich mit Frauen über den Glauben sprechen kann, die davon gar keine Ahnung haben.

Doch wie könnten Angebote aussehen, die in dieser Lebensphase Männer und Frauen gemeinsam im Fokus haben? Als ich mit einer Freundin darüber sprach, war sie sich gar nicht so sicher, ob wir das brauchen. Sie sagte: »Ich mache einfach, was ich immer gemacht habe. Wieso sollte es jetzt anders sein?« So hat sie vor Kurzem einige Frauen zum Malen eingeladen, angeleitet von einer Freundin. Im Anschluss hat jede etwas zu ihrem Bild gesagt. »Ohne es vorher zu planen, habe ich einfach über meinen Glauben gesprochen. Ganz automatisch«, sagte meine Freundin. Ist es das? Hat jede und jeder von uns solche Ideen, die sie oder er einfach umsetzen kann? Wir müssen die verschiedenen Gedanken, Ideen und Initiativen ja gar nicht gegeneinander ausspielen. Es wäre doch viel schöner, wenn sie sich gegenseitig ergänzen.

Was brauchen wir in der Kirche, also im institutionellen Rahmen, was darüber hinaus? Wenn ich es richtig beobachte, könnte es in jedem Fall helfen, zunächst einmal offen diese Frage zu stellen: Wie finde ich jetzt noch einmal meinen Platz im Reich Gottes? Und dann brauchen wir viel Lust, um auszuprobieren und zu experimentieren.

Babyboomer als Chance

Zur Frage, ob die Babyboomer eine Chance für die Gemeindeentwicklung sind, sind mir vier Bereiche aufgefallen und wichtig geworden.

Erstens: Ihre Sehnsucht

Welche Sehnsüchte tragen die Menschen in ihrem Herzen? Welche Sehnsucht bewegt mich? Existenziell ist für mich in der Zeit der Pandemie noch einmal die Frage nach Sinn und Bedeutung meines Lebens aufgebrochen. Wozu lohnt es sich, weiterzumachen? Bei dieser Sinnsuche habe ich festgestellt, wie kostbar unser Leben ist.

Eine tiefe Sehnsucht, die viele Menschen miteinander teilen, ist die nach »dem Sein«. Weg von einer Fokussierung auf Leistung und Ergebnisse, einfach sein zu dürfen. Im Podcast »Vorwärtsleben« ringen René und ich regelmäßig um diese Frage, weil wir spüren, wie wichtig sie ist – aber wie schwer es uns fällt, das auch zu leben.

Und wie sieht Gemeinschaft und Verbundenheit in der nachberuflichen Phase aus, wenn viele Kontakte von heute auf morgen wegfallen? Gemeinschaft leben, ohne vereinnahmt zu werden – geht das überhaupt?

Außerdem ist da eine Sehnsucht nach einem Miteinander und Füreinander der verschiedenen Generationen. »Generationensensibel« Gemeinde zu leben, ist zugleich auch eine unserer großen Herausforderungen.

Zweitens: Ihre Enttäuschungen und Ernüchterungen

In letzter Zeit treffe ich oft auf Menschen meiner Generation, die mir sagen: »Ich finde einfach keine Gemeinde, wo ich hinpasse.« Kann das sein? Vermutlich spielen an dieser Stelle Enttäuschungen und Ernüchterungen eine große Rolle. Wir Menschen verletzen einander, und manche erholen sich davon nicht. Dann wird der Glaube eben privat weitergelebt. Der Gottesdienst kommt (zumindest für eine Zeit) per Livestream ins Wohnzimmer, damit spart man sich manche Konflikte und Auseinandersetzungen.

Meine Befürchtung ist aber, dass man damit im dritten Drittel des Lebens auch sehr schnell unglaublich einsam wird. Und dann wird es schwer, noch einmal umzusteuern. Andere wiederum haben sich zeit ihres Lebens in einer Gemeinde engagiert und sagen: »Jetzt ist es genug. Jetzt sind die anderen dran – ich mag nicht mehr.« Und wenn andere dann meinen: »Du hast doch jetzt Zeit!«, zieht so mancher lieber den Kopf ein. Enttäuscht und ernüchtert von Menschen, aber auch von Gott?

Andere sagen: »Wir haben so vieles versucht, noch einmal etwas zu wagen, dafür haben wir einfach keine Kraft!« Kann das sein? Und ist das dann der Weg in die nächsten zehn, zwanzig oder dreißig Jahre?

Wie finden wir Wege, Enttäuschungen und Ernüchterungen wahr- und ernst zu nehmen, aber trotzdem konstruktiv mit ihnen umzugehen?

Ich hörte von einem christlichen Leiter, der sich mit dem Eintritt ins dritte Drittel ein Sabbatjahr genommen hat. Er hat alle Aufgaben abgegeben, alle Ehrenämter auslaufen lassen, um sich dann nach einer Zeit der Ruhe und des Hörens neu zu orientieren. Ist dies möglicherweise ein Modell, zu dem wir einander in der Ortsgemeinde bewusst ermutigen könnten? Und ist es ein Weg, Enttäuschungen und Ernüchterungen nicht einfach unter den Teppich zu kehren, sie aber auch nicht über die nächsten Jahre und Jahrzehnte alles bestimmen zu lassen?

Drittens: Ihre Kompetenzen

Wenn ein Mensch erst einmal die sechzig überschritten hat, haben sich im Laufe des Lebens jede Menge Fähigkeiten und Kompetenzen herausgebildet: persönlich, beruflich, aber auch im ehrenamtlichen Engagement in der Gemeinde. Wie viele haben ihre Führungsfähigkeiten in einer christlichen Jugendarbeit gelernt! Ich selbst gehöre dazu. Da gibt es ein weites Feld von Lebenserfahrung, die wir gemacht haben, wenn wir an dieser Schwelle ankommen. Kann ich daran jetzt anknüpfen? Und wenn ja, wie?

Manchmal höre ich von Älteren die Klage: »Wir sind nicht mehr gefragt!« Stimmt das? Und wenn es sich so anfühlt, was ist es dann, was nicht mehr gefragt ist?

Gefragt ist keine »Besserwisserei« nach dem Motto: Wir haben so viel Erfahrung, deshalb wissen wir, wie es gemacht werden muss! Das will verständlicherweise niemand. Auch an Aufgaben und Plätzen zu kleben ist keine gute Voraussetzung für ein Miteinander der Generationen. Aber wie finden wir zueinander, auch mit unterschiedlichen Vorstellungen? Nun ist es mir fast peinlich, es so zu schreiben, aber einen anderen Weg sehe ich nicht: indem wir wirklich aufeinander hören! Und es für möglich halten, dass die anderen recht haben.

Wenn Lebenserfahrung und Zuhören zusammenkommen, dann können wir Wege miteinander finden. Es wird immer ein Spagat bleiben in diesem Übergang: meinen Platz zu finden, aber auch auf gute Art und Weise Platz zu machen für die nächste Generation. Ob es mir gelingt? Ich hoffe es. Beispiele, wo es nicht geklappt hat, gibt es ja mehr als genug. So hoffe ich einfach, dass ich dadurch etwas gelernt habe.

Viertens: Ihre Fragen

Babyboomer wollen mit ihren Fragen und Anliegen gehört und ernst genommen und nicht einfach bedient oder sogar bevormundet werden. Es geht darum, »das dritte Drittel des Lebens mündig und glaubensstark zu leben«, so wirbt die Perspektive 3D in der Schweiz. Doch was bedeutet »mündig und glaubensstark«? Wie zeigt sich das in meiner Gottesbeziehung, in der Beziehung zu anderen und in meinem Engagement? Und was brauchen wir, damit das passiert?

Drei Fragen stelle ich mir in diesem Zusammenhang: Was will ich für mich? Mit anderen? Für andere?

Da ich an dieser Stelle mehr Fragen als Antworten habe, suche ich vor allem Verbündete für diesen Weg. Wie wäre es, in kleinen »Denk-Werkstätten« gemeinsam zu überlegen, wie das aussehen könnte? Wenn es zum Beispiel um Gemeinde-Neugründungen geht, welche Rolle können Menschen meiner Generation da spielen? Und was passiert, wenn ich in diesen Lebensabschnitt hineingehe mit der offenen Frage an Gott: »Was hältst du hier und jetzt noch einmal für mich bereit? Wo möchtest du mich haben?« Immer wieder sind wir in unserem Leben überrascht worden, wenn wir mit dieser Offenheit unterwegs waren. Wie wäre es wohl, es jetzt noch einmal für möglich zu halten?

Leichter lernen mit einem Augenzwinkern

»Manches lerne ich leichter mit einem Augenzwinkern!« Genau genommen kann ich eigentlich alles mit einer Prise Humor deutlich besser ertragen. »Ist ja nicht schön, das Älterwerden! Es sei denn, du bist ein Rotwein, ein Käse oder ein Mann!«, sagt Christina Brudereck von »Zwei Flügel« in ihrem Bühnenprogramm »Goldzwanziger!«[67]. Ich kann mich darüber ärgern, es ungerecht finden, dass Frauen scheinbar auch beim Älterwerden irgendwie schlechter wegkommen. Wirklich ändern werde ich es dadurch nicht, sondern ich mache es mir nur zusätzlich schwer. Ich könnte darüber motzen, dass Männer trotz Bauch und Geheimratsecken attraktiv sind – oder zumindest meinen, es zu sein, und sich entsprechend verhalten. Oder ich schließe mich der Freundin an, die immer mal wieder sagt: »Schönheit braucht halt Platz!« Also gräme ich mich nicht, wenn ich weiter eher zu- statt abnehme. Stehe dazu, wie es wirklich ist.

Eine Sache war da bei mir noch offen. Schon länger habe ich mich gefragt, wann ich denn aufhören möchte, mir die Haare zu färben. Als ich Ende dreißig war, fragte mich einmal ein älterer Herr in der Gemeinde: »Sag mal, färbst du eigentlich deine Haare?« Damals fand ich diese Frage so frech, dass ich geantwortet habe: »Das möchtest du wohl gerne wissen?« »Ja genau!« »Weißt du, jede Frau hat ein kleines Geheimnis«, mit diesen Worten ließ ich ihn stehen.

Mit Ende fünfzig ist es dagegen kein Geheimnis mehr, dass das Dunkelbraun wohl eher aus der Tube kommt. Deshalb habe ich mich in dieser Zeit gefragt, wann es wohl so weit ist, dass ich die Farbe weglasse. Traue ich mich das überhaupt? Als ich noch so am Überlegen war, meinte ein Freund bei einem entspannten Abend in unverblümter Offenheit: »Sag mal, wie lange willst du diesen Beschiss noch mitmachen?« Ihm war ich nicht böse – im Gegenteil. Nahm's mit Humor und ging kurz entschlossen zum

Friseursalon. Die Friseurin meines Vertrauens schnitt meine Haare sehr, sehr kurz, färbte einige Fransen grau und schon war der Übergang geschafft. Als sie es sich anschaute, meinte sie: »Ich hätte nicht gedacht, dass es so gut wird!« Am Ende war es leichter, als ich vermutet hatte.

Doch wie würden die Leute darauf reagieren? Überrascht merkte ich: durchweg positiv. Mit so freundlichen Reaktionen hatte ich gar nicht gerechnet. Manchmal muss man sich wohl einfach trauen. Na ja, und die, denen es nicht gefällt, haben zumindest aus Höflichkeit geschwiegen.

Jetzt finde ich es so entlastend. Meine Haare sind wieder deutlich gesünder, der Friseurbesuch ist nach einer halben Stunde erledigt und Geld spare ich auch noch. Natürlich muss so etwas jede und jeder für sich entscheiden. Ich rufe auch nicht »zum Aufmarsch der Grauen«. Doch für mich war es richtig gut, diesen Schritt zu gehen.

Als ich die Haare noch gefärbt habe, dachte ich manchmal, dass ich in diesem Punkt doch anderen »etwas vormache« und so tue als ob. Die Entscheidung zum Nicht-Färben war allerdings auch etwas leichter als einige Jahre davor, da Grau inzwischen durchaus im Trend liegt.

Auch schwierige und herausfordernde Dinge fallen mir leichter, wenn ich versuche, sie mit Humor zu nehmen. Als ich vor Kurzem nach der Knie-OP in der Reha war, hat es mir geholfen, über manches Skurrile zu schmunzeln, um damit zurechtzukommen und die Schmerzen besser zu ertragen. Ich möchte niemanden auslachen oder lächerlich machen, auch mich selbst nicht, aber das Seltsame der Situation wahrnehmen: »Ich bin jetzt fast sechzig – aber einige Teile an mir sind noch ziemlich jung!«

Und was soll ich sagen, ich mag meine Falten – solange immer auch viele Lachfältchen dabei sind.

Miteinander zu lachen und nicht übereinander, das hilft, die nächste Lebensphase gut unter die Füße zu bekommen. Danebengehen wird sowieso so manches – aber wie viel leichter ist es zu ertragen, wenn wir darüber schmunzeln. Deshalb mag ich Bücher und Vorträge, bei denen ich nicht nur etwas lerne, sondern auch herzhaft lachen und mich freuen kann. So wie bei Eckart von Hirschhausen:

> Bei meinen Liveauftritten liebe ich es, das Publikum kurz ins Grübeln zu bringen mit der Frage: Stellen Sie sich vor, Ihr Körper wäre ein Gebrauchtwagen – würden Sie ihn kaufen? Dann denken viele erst mal an äußere Mängel, an Kratzer im Lack, an Gebrauchsspuren. Und einige Männer, die sich für besonders clever halten, denken gleich: Welche meine Mängel würde ich beim Weiterverkauf lieber nicht erwähnen? Dabei steht unser Körper nicht auf eBay zum Verkauf, wir haben ja nur den einen. Momentan fühle ich mich allerdings so, als ob mein Marktwert sinkt und ich noch eine Weile durchhalten muss, um als Oldtimer interessant zu werden und eine neue Werteentwicklung mitzunehmen.[68]

Mich berührt, was Uwe Böschemeyer von einem alten Mann erzählt, den er in seiner Jugend gekannt hat:

> Er hatte durch den Krieg seine beiden Söhne und kurz nach dem Krieg auch seine Frau verloren. Aber er haderte nicht. Ich habe ihn sehr gemocht. Er war nie unbeschäftigt und

> lernte immer wieder etwas Neues kennen: Er begann Klavier zu spielen und zu malen, lernte Italienisch und suchte Zugang zur Philosophie. Er war ein Handwerker. Was mich aber am meisten beeindruckte? Das war sein häufiges Lachen über sich selbst: Saß er am Klavier, dann schüttelte es ihn manchmal, wenn er sich durch den Dschungel der Noten mogelte. Und rezitierte er westfälisch einen italienischen Text, dann brachte er wegen des Lachens nicht selten nur halbe Sätze heraus. Und dann die Zwiegespräche mit seinem alten Hund – wenn der alte Mann ihn ansah und mit tränenden Augen lachend sagte: »Mein alter Bobby, stell dir nur vor, wir leben noch – ist das nicht schön?« Ob er ein glückliches Naturell hatte? Mag sein. Seine Erziehung jedenfalls war barbarisch streng gewesen. Vielleicht war's dies, warum er so über sich lachen konnte: weil er sein Herz geöffnet hatte für vieles, wenn nicht das meiste, was er im Leben fand.[69]

Zum Lachen gehört für mich auch das Spielen. Menschen, die gerne spielen, nehmen vieles ein wenig leichter. Manche Spiele mag ich allerdings nicht so sehr, besonders wenn dazu viele neue Regeln gehören, die ich lernen müsste. Andererseits lässt mich meine Familie gerne mitspielen, einer muss ja auch verlieren – und die, die noch lieber gewinnen als ich, sind deutlich in der Überzahl. George Bernhard Shaw sagte: »Wir hören nicht auf zu spielen, weil wir älter werden. Wir werden alt, weil wir aufhören zu spielen.«[70]

Spielen und mich freuen, an jedem Tag, der mir geschenkt ist – das ist eine Art und Weise, weiter zu lernen, an die ich zunächst gar nicht gedacht habe, die mir aber ziemlich wichtig erscheint.

Das wusste auch schon Jesus Sirach, dessen Buch sich in den Spätschriften des Alten Testaments findet: »Versäume keinen fröhlichen Tag und lass dir die Freuden nicht entgehen, die dir beschieden sind« (Jesus Sirach 14,14). Deshalb verbringe ich so gerne Zeit mit ansteckend fröhlichen Menschen. Wann immer es geht, tut es so gut, das Leben miteinander zu feiern. Apropos feiern: Es gibt ja reife Frauen, die meinen, sie würden nicht älter, wenn sie ihren Geburtstag einfach übergehen. Was für eine Fehleinschätzung, und wie viel Schönes versäumen sie damit!

Herz-Erweiterung

> »Mehr als alles andere behüte dein Herz, denn daraus quillt das Leben!«
> *Sprüche 4,23; freie Übersetzung*

Was bleibt am Schluss eines Lebens? Vor einiger Zeit waren wir bei einem Hausflohmarkt. In allen Räumen eines alten Hauses veranstalteten die Erben, die Kinder und Enkel, einen Flohmarkt mit den Dingen, die sie nicht brauchten. Es fühlte sich merkwürdig an. Einige Räume sahen so aus, als ob die Bewohner gerade erst gegangen seien: Da lag noch die Seife in der Dusche und der Bademantel hing an der Tür. Auf einmal meinte mein Mann zu mir: »So sieht es aus – was vom Leben übrig bleibt!«

Viel deutlicher als diese äußeren Zeichen sind vermutlich die inneren Prozesse eines Lebens. Getreu dem Motto: »Wenn rauskommt, was drinsteckt.« Durch verschiedene Erfahrungen und Begegnungen in der letzten Zeit steht es mir noch mal deutlich vor Augen: »Am Ende des Lebens, auf der letzten Wegstrecke, kommt raus, was drinsteckt.« Ob man will oder nicht, da fallen die Hüllen der Höflichkeit und da zeigt sich das Innere. Unser Herz wird sichtbar – vermutlich sichtbarer als jemals zuvor. Für andere. Auch für uns selbst?

- Was macht mein Leben aus?
- Wie ist es um mein Herz bestellt?

- Worum kreisen meine Gedanken?
- Kann ich heute etwas dafür tun, wie es morgen aussieht?

Wenn wir nicht auf unser Herz achten, kann es uns vielleicht ergehen wie einer Seniorin, von der ein Kollege erzählte: In einer Gemeinde durfte sich ein Ehepaar anlässlich der Feier ihrer goldenen Hochzeit je ein Lied wünschen. Der Mann suchte eins aus, die Frau aber sagte: »Für mich müsst ihr nicht singen, ich hatte kein schönes Leben.«

Das stimmt traurig und nachdenklich. Ich weiß nicht, wie die Geschichte weitergegangen ist, aber so etwas kommt vermutlich häufiger vor. Eine ältere Dame erzählte mir vor Kurzem: »Ein ganzes Leben lang habe ich in seinem Schatten gelebt. Immer hat er alles dominiert. Wer bin ich schon?« Ist das vielleicht ein Schmerz, den sie mit manchen Frauen ihrer Generation teilt?

Geht es möglicherweise auch anders, wie bei dem älteren Herrn, der mich angerufen hat und sagte: »Ich habe von Ihnen gelesen und da traue ich mich doch mal, Sie anzurufen. Mich bewegt nämlich die Frage: Was kann ich noch Sinnvolles tun, bevor ich die Augen schließe?« Oder wie bei einer mütterlichen Freundin, die mit ihrem Mann, beide inzwischen hochbetagt, in einer christlichen Seniorenwohnanlage lebt und mir oft sagt: »Wir haben alle unsere Beschwerden, aber wir teilen sie miteinander und tragen sie gemeinsam. Das hilft uns – trotz mancher Schwierigkeiten und Nöte!«

Was bleibt am Ende eines Lebens an Sehnsucht und Schmerz, aber auch an Möglichkeiten und Spielräumen auf der letzten Wegstrecke? Und wann werden die Weichen dafür gestellt?

Ohne eine Expertin zu sein, würde ich spontan sagen: Immer wenn ich es merke, dann ist es Zeit, Weichen zu stellen und den

Kurs zu ändern. Eine andere Möglichkeit sehe ich nicht. Und es bleibt die Herausforderung, »mein Haus zu bestellen«. Mich zu versöhnen mit dem, was ich nicht leben konnte, was offengeblieben ist. Aber auch, soweit es mir möglich ist, mit den Menschen, die mir etwas schuldig geblieben sind, und vor allem mit denen, denen ich etwas schulde. Das Vaterunser ist mir in letzter Zeit als Gebet zu einem fast täglichen Begleiter geworden, vor allem auch wegen dieser Zeile: »Vergib uns unsere Schuld, wie auch wir vergeben unsern Schuldigern!« Versöhnt zu sein, darin liegt ein wichtiger Schlüssel. Nicht nur für die anderen – auch für mich selbst. Deshalb will ich auf mein Herz achten: »Mehr als alles bewache dein Herz, denn in ihm entspringen die Quellen des Lebens!« (Sprüche 4,23; Übersetzung von Hans Walter Wolff).

Aber noch weitere Schritte sind mir dazu wichtig geworden.

Was ist geworden – und was darf noch werden?

»Du Gott unserer mühsamen Jahre, der du uns so weit gebracht hast« – was für eine Aussage! Wie geerdet realistisch – oder doch auch ziemlich ernüchtert. Ich weiß gar nicht mehr, wo ich ihn gelesen habe, aber er löst etwas aus in meinem Herzen. Zunächst die Frage: Dürfen wir so mit Gott reden? Ist das nicht reichlich undankbar? Ich glaube nicht und habe für mich beschlossen, es wie die Psalmbeterinnen und -beter zu machen und Gott gegenüber nichts zurückzuhalten.

»Gott unserer mühsamen Jahre!« Ja, das kenne ich. So habe ich mein Leben an manchen Stellen erlebt – und einiges davon klingt ja in diesem Buch an. Für mich ist es Teil der ehrlichen Auseinandersetzung mit meiner Geschichte, Dinge beim Namen zu nennen. Das, was gelungen ist und worüber ich mich gefreut habe und freue. Die Situationen, Menschen und Möglichkeiten, für die ich so dankbar bin. Aber da gibt es auch Schwieriges, Mühsames – aufgeladen durch andere, durch Herausforderungen, die das Leben mit sich gebracht hat.

Schwieriger einzugestehen ist für mich, wo ich es mir selbst schwer gemacht habe, durch meinen Ehrgeiz und hemmungslosen Perfektionismus – obwohl es anders möglich gewesen wäre. »Möglich gewesen wäre«, dieser Konjunktiv ist tückisch und führt eigentlich nicht weiter. Was aber dann? Beide Teile der Anrede sind ja wichtiger Teil der Wahrheit: »Du Gott unserer mühsamen Jahre – der du uns so weit gebracht hast«. Wenn ich heute zurückschaue, was klingt mir da eigentlich »Mühsames« entgegen?

- Wenn ich weit zurückschaue in die 1960er-Jahre, sind es vor allem die vielen Krankheitszeiten und zwei lange »Kinderverschickungskuren«, die mir manche Urängste beschert haben. Bis heute mag ich keinen Blaubeerjoghurt, weil ich den im großen Speisesaal im Sauerland auslöffeln musste. Und ich kann keinen Essig riechen – aber wer kommt schon auf die Idee, dass es gut ist, damit zu gurgeln? Anderes habe ich zum Glück vergessen.
- Schulzeit und Ausbildung waren für mich über weite Strecken kein »Ort für Lustgewinn«. Manches ist mir nicht so schwergefallen, aber Mathematik war immer schrecklich. Ich hatte das Gefühl, dass ich einfach zu blöd dafür bin. Andererseits habe ich trotz unglaublich vieler Fehlzeiten

keine Klasse wiederholt, habe die Lücken also immer mitgeschleppt.

- An manche Stationsschwester während der Ausbildung erinnere ich mich nur mit Grauen. »Lehrjahre sind keine Herrenjahre«, sagt das Sprichwort. Das kann ich nur bestätigen.
- Nach meiner theologischen Ausbildung auf St. Chrischona bei Basel hatte ich ab 1988 eine Stelle in der überregionalen Arbeit mit Kindern und Teenagern und habe mich heftig verausgabt. »Du bist doch nicht der Heiland der Teenagerarbeit«, meinte meine Mentorin. Stimmt – aber so »ein kleiner Heiland« wollte ich doch sein und habe mich entsprechend angestrengt.
- Dann kam die Familienphase. Jetzt hatte ich den Ehrgeiz, eine gute Mutter zu sein, und bin heftig an meine Grenzen gestoßen. »Ihr seid doch eine ›fromme Vorzeigefamilie‹«, meinte einmal eine Kollegin zu mir. Obwohl ich es äußerlich abgestritten habe, wollte ich es mir und anderen vermutlich doch beweisen.
- Nach einer Hochschulzugangsprüfung habe ich dann mit fast vierzig Jahren an der Universität studiert, um den erneuten Berufseinstieg vorzubereiten. Trotzdem war es nicht leicht, eine Stelle zu bekommen, die zu unserer Lebenssituation passte. Beim Bibellesebund habe ich eine Aufgabe in der Redaktion einer Bibellesezeitschrift und im Reisedienst übernommen. Zu der Zeit waren alle drei Kinder noch zu Hause. Mit viel Homeoffice war es möglich – aber rückblickend auch anstrengend. Als ich gerade die letzten Zeilen noch einmal gelesen habe, ist mir erst aufgefallen, wie oft das Wort anstrengend in meiner Schilderung vorkommt!

Immer wieder, wenn ich als Redakteurin Abgabetermine hatte, meinte eine Kollegin schmunzelnd: »Na, hast du wieder deine ›Quartalsheft-Krise‹?« Ja, so war es.

- Und schließlich der Wechsel in den Süden Deutschlands mit der Herausforderung, zu zweit noch einmal neu zu beginnen.[71]

So habe ich mich angestrengt und verausgabt. Warum ich Ihnen das erzähle? Einmal, um sichtbar zu machen, wo meine Kämpfe lagen und liegen. Zum anderen aber auch, weil von außen betrachtet manches vielleicht so leicht und locker wirkt, als ob das alles selbstverständlich gewesen wäre. Und da hilft es, wenn wir einander erzählen, was uns herausfordert und Kraft kostet.

Vielleicht hilft es Ihnen auch, Ihre eigenen Punkte, das Mühsame, einmal konkret zu benennen. Warum? Nicht um sich nachträglich und rückwärtsgewandt leidzutun, Wunden zu lecken und in der Opferrolle zu verharren. Stattdessen mache ich die Erfahrung: Was ich transparent mache, ausspreche oder sogar aufschreibe, kommt ans Licht und verliert damit etwas von seiner Macht, die mich sonst unbewusst behaftet und festhält.

Manches ist gelungen auf diesem Weg, mal mit, häufiger vermutlich ohne unser Zutun. Aber ich habe mich oft auch müde gelaufen. Und gerade frage ich mich noch einmal: Wenn Anstrengung und Müdesein das dominierende Lebensgefühl ist, läuft da nicht etwas schief? Wenn ich es mit einer Halbtagsstelle nicht schaffe, mich nicht zu überfordern – liegt es dann daran, wie ich es gestalte?

Diese Erkenntnis ist ernüchternd, hilft mir gerade aber für den Endspurt meiner Erwerbstätigkeit: Was ist jetzt dran? Wie soll das aussehen? Kann ich mit den Entdeckungen aus meiner Geschichte da oder dort vielleicht dazulernen und die Weichen entsprechend stellen? Noch einmal umlernen? Denn auch diese Frage bewegt mich manchmal im Gespräch mit anderen: Welches Bild vermittle ich? Und will ich das? Wo wünsche ich mir an dieser Stelle vielleicht eine konkrete Herzerweiterung?

Aber da ist ja auch der andere Teil des Satzes, der mich zutiefst dankbar macht: »... der du uns so weit gebracht hast!« Manches ist gelungen, durfte »werden« – und das erlebe ich als ein großes Geschenk. Miteinander durchzuhalten als Paar schon über 35 Jahre ist ja alles andere als selbstverständlich und neben aller »Beziehungsarbeit« vor allem Gnade. Ein altes Lied kommt mir dabei in den Sinn – Sie wissen ja, ich habe einen »Lieder Glauben« –:

> Bis hierher hat mich Gott gebracht durch seine große Güte,
> bis hierher hat er Tag und Nacht bewahrt Herz und Gemüte,
> bis hierher hat er mich geleit',
> bis hierher hat er mich erfreut,
> bis hierher mir geholfen.
> Hab Lob und Ehr, hab Preis und Dank für die bisher'ge Treue,
> die du, o Gott, mir lebenslang bewiesen täglich neue.
> In mein Gedächtnis schreib ich an:
> Der Herr hat Großes mir getan,
> bis hierher mir geholfen.[72]

In die Phase der Mobilisation nach der Knie-OP und Reha schrieb mir eine Freundin und Begleiterin: »Geh liebevoll mit dir um!« Liebevoll mit mir umgehen – wieso fällt mir das eigentlich so schwer? Und was würde sich ändern, wenn ich »unter diesem Vorzeichen«

unterwegs wäre? Mich nicht nur bemühe und anstrenge, sondern liebevoll mit mir selbst umgehe? Würde ich am Schluss vielleicht gar nichts anderes machen, nicht weniger arbeiten – aber es wäre trotzdem nicht das Gleiche und würde sich völlig anders anfühlen?

Diesen Gedanken werde ich mitnehmen, hier will ich noch mein Herz weiter machen. Aber welche Schritte helfen auf diesem Weg der Veränderung?

Ein Zuhause finden in meinem Herzen

Neulich meinte meine Freundin Irene zu mir: »Eigentlich suche ich noch nach einem Ort, wo ich wirklich zu Hause bin. Eine Berghütte, ein Wohnmobil – vielleicht auch ein Schrebergarten. So einen Sehnsuchtsort, um daheim zu sein!«

Welche Sehnsucht steckt dahinter und wie ist das für mich? Wo bin ich zu Hause? Welche Orte und Menschen brauche ich dafür? Nach 22 Jahren in Marburg sind mein Mann und ich 2014 an den Fuß der Schwäbischen Alb gewechselt. Damit bin ich einmal quer durch die Republik gezogen. Und das, wo ich mir immer geschworen hatte: »Südlich von Frankfurt am Main gehe ich nicht hin! Da verstehe ich doch niemanden mehr – und vermutlich können auch die Leute dort nichts mit mir anfangen. Wir sind uns einfach zu fremd.« Ich hätte es wohl noch deutlicher formulieren müssen: »Jesus, ich gehe überallhin – ausgenommen nach Schwaben!« Doch genau so ist es gekommen. Und – um das vorwegzunehmen – es ist gut geworden, obwohl ich das oft nicht für möglich gehalten hätte.

Inzwischen habe ich gelernt, dass es diese imaginäre Grenze umgekehrt genauso gibt. Wer aus dem Süden kommt, für den beginnt spätestens in Kassel Norddeutschland. Doch als Nordlicht jetzt am Fuß der Alb – das ist nicht nur weit, dazwischen liegen Welten. Aber inzwischen frage ich mich manchmal auch: Will ich eigentlich irgendwann zurück in den Norden? Wäre dort alles (noch) besser? Vieles tut mir im Norden gut, das ist keine Frage: die Art der Menschen, die mir vertraut ist. Ich weiß, woran ich bin. Die vertraute Sprache. Aber auch so scheinbar banale Dinge wie Nordseescholle, Krabben und norddeutscher Butterkuchen. Heimat kann man schmecken, riechen, hören. Das löst etwas aus und ist nicht zu unterschätzen.

Dieser Sehnsucht nach einem Ort, einem Zuhause, will ich nicht ausweichen, sondern sie zulassen und mich auf einen Weg machen. Doch wo ist dieser Ort? Schnell kommt uns über die Lippen, dass wir bei Gott zu Hause sind. Aber wie zeigt sich das? Wie fühlt es sich an?

Der Prolog des Johannesevangeliums sagt: »Das Wort ward Fleisch und wohnte unter uns« (Johannes 1,14). Gott wurde Mensch und wohnte unter uns und er machte und macht sich mit uns auf die Reise durch die Zeit. Mehrmals ist in den Evangelien von »wohnen« und »Wohnort« die Rede. So zum Beispiel hier, wo Jesus als das Wort Gottes in die Welt kommt und mitten unter uns wohnt. Oder wenn die ersten Jünger Jesus begegnen und ihn fragen: »Rabbi, wo wohnst du?« Und Jesus lädt sie ein, mit ihm zu kommen (Johannes 1,38-39; BB).

Schließlich lädt Jesus seine Nachfolger nicht nur ein, mit ihm im selben Haus zu wohnen, sondern er sagt zu ihnen, dass er selbst das Haus ist. Die Gemeinschaft mit Jesus bedeutet, für immer mit ihm verbunden zu sein: Wir, Sie und ich, sind sein bevorzugter Wohnort: »Wer mich liebt, wird sich nach meinem Wort richten. Mein Vater wird ihn lieben, und wir werden zu ihm kommen und für immer bei ihm bleiben« (Johannes 14,23; BB). Können Sie sich das vorstellen? Oder geht es Ihnen wie mir? Ich lese das, kann aber nicht so richtig fassen, was es bedeutet. Doch wie kann ich mit diesen Worten, besser noch von diesen Worten leben?

Ich merke, dass mein Heimweh in den vergangenen Monaten hier eine Spur ist. Die Autorin Daniela (Jele) Mailänder hat in einem Buch ihre persönliche Suche beschrieben: »Herzheimat – Dort ankommen, wo Gott auf mich wartet«[73]. Daran wurde ich bei meiner Spurensuche erinnert. Und ja, um dort anzukommen, ist auch ein Umzug nötig. Es bedeutet, spirituell, geistlich umzuziehen. Umzuziehen – raus aus dem Haus der Angst und hinein in das Haus der Liebe. An den Ort, wo Gott schon immer auf mich wartet.

Manchmal bin ich so an meine Angst gebunden, habe mich so an sie gewöhnt, dass ich die Stimme der Liebe überhöre. Aber jedes Jahr wieder ist besonders die Advents- und Weihnachtszeit für mich eine Einladung, dieser Liebe Gottes meine Ohren und mein Herz zu öffnen und immer wieder zu entdecken, dass der Ort, an dem ich wirklich zu Hause bin, meine Beziehung zu Jesus ist. Vielleicht klingt das für Sie fast zu glatt. Aber ich finde keine anderen Worte für diese Erfahrung.

Als mir das noch einmal neu klar geworden ist, ist in der Tiefe meiner Seele eine Ruhe eingekehrt. Fast wäre ich so mutig zu sagen: »Und weil das so ist, könnte ich genau genommen eigentlich überall wohnen!«

Ist die Sehnsucht damit für immer geklärt? Das weiß ich nicht, aber eine Spur zeigt sich in jedem Fall. Dafür brauche ich alle Jahre wieder Advent und Weihnachten. Die Texte und Lieder helfen mir, zu begreifen, was wir wohl nie ganz erfassen werden. Wie in meinem Lieblingslied von Paul Gerhardt, »Ich steh an deiner Krippen hier«:

> Eins aber, hoff ich, wirst du mir, mein Heiland,
> nicht versagen:
> dass ich dich möge für und für in, bei und an mir tragen.
> So lass mich doch dein Kripplein sein;
> komm, komm und lege bei mir ein
> dich und all deine Freuden.

Aber noch etwas habe ich in den letzten Jahren gelernt: Heimat ist Beziehung! Hans-Joachim Eckstein schreibt:

> Heimat ist nicht da, wo ich gerade bin, sondern dort, wo ich hingehöre. Mein Zuhause ist nicht, wo ich zufällig wohne, sondern wo ich der sein kann, der ich bin, sein soll und will. Geborgenheit und Gewissheit finde ich nicht bei denen, die zufällig in meiner Nähe sind, sondern die stehen mir nahe, bei denen ich willkommen und als ich selbst angenommen bin.[74]

Es gibt nicht viele Menschen, von denen ich das so sagen würde. Aber unsere Freunde Thom und Christa sind für uns im Laufe der gemeinsamen Jahre und Jahrzehnte zu »einem solchen Ort« geworden. Wenn wir bei ihnen in Zürich sind und im sechsten

Stock vom Balkon über die Stadt hinweg bis zum Uetliberg schauen, dann ist es wie nach Hause kommen. Hier darf ich die sein, die ich bin. Was für ein Geschenk, eine solche Freundschaft leben zu können, bei einem Glas Wein und gutem Essen über Gott und die Welt zu reden, Schönes und Schweres miteinander zu teilen. Das gehört zu den freundlichen Zugaben Gottes in meinem Leben. Und beim Schreiben dachte ich: Könnte Herz-Erweiterung bedeuten, mein Leben noch mal neu für andere Menschen zu öffnen?

Meine Freundin Irene hat sich ihren Sehnsuchtsort inzwischen ganz praktisch erfüllt: Seit einigen Monaten ist sie stolze Pächterin eines Schrebergartens und erntet, wo sie gar nicht gepflanzt hat. Daneben wird dieser Ort gerade für sie und für andere zu einem echten Begegnungsort.

Schlüsselwort Barmherzigkeit

Wenn ich mich umschaue und den verschiedenen Menschen begegne, jeder mit seiner eigenen Prägung, frage ich mich manchmal: Wie ist es überhaupt möglich, miteinander zurechtzukommen? Und manchmal muss ich gar nicht so weit schauen, da reicht der Blick in mein eigenes Herz: Ob ich mich jemals ganz verstehe?

Bei so vielen Unterschieden kann das doch nur schwierig werden oder sogar misslingen. Wo liegt also der Schlüssel dafür, dass Menschen miteinander klarkommen? Es gibt einen Schlüssel, der genau genommen in jedes »Herzens-Schloss« passt: Barmherzigkeit! Aber wie finden wir sie? Wie können wir barmherzig sein oder werden, selbst dort, wo wir von anderen Menschen keine

Barmherzigkeit erfahren haben? Kann ich überhaupt etwas weitergeben, das ich selbst nicht erlebt und an mir erfahren habe?

Die Antwort auf diese Frage hat Konsequenzen. Wenn ich die Aussage verneine, bedeutet das letztlich, dass wir auf Gedeih und Verderb dem ausgeliefert sind, was wir mit anderen Menschen erlebt haben. Wenn ich den Satz aber bejahe, bleibt die Herausforderung: Wie sieht eine echte Veränderung in der Tiefe des Herzens aus, die zur Barmherzigkeit befähigt? Müssen wir uns nur kräftig genug anstrengen und üben, und dann wird es schon? Die richtige Antwort lautet wohl: jein. Wir können nichts weitergeben, was wir nicht erfahren haben. Aber unsere Quelle sind nicht andere Menschen, sondern Gott.

Ohne Übung wird es wohl nicht gehen, und anstrengend kann das auch sein. Doch das Schlüsselwort heißt noch einmal: Barmherzigkeit! Eine Barmherzigkeit, die ich mir nicht von Menschen, sondern von Gott gefallen lasse. Psalm 103 sagt, dass Gott selbst uns »krönet mit Gnade und Barmherzigkeit« (Psalm 103,4). Und er tut das immer wieder, zum Beispiel wenn ich diesen Psalm lese, bete und betrachte. Das ist einer der Gründe, warum ich Psalm 103 so sehr liebe und brauche. Ich sehne mich nach diesen Worten und nach Gottes Barmherzigkeit. Der Psalmbeter erinnert zunächst seine – und damit auch meine – Seele daran. Und während er betet zu dem Gott seines Lebens, trägt er sein Herz und seine Seele in die Nähe Gottes und lässt sie sich gefallen, diese Barmherzigkeit. Davon kann ich leben. Mit dieser Aussicht traue ich mich in die Nähe von anderen, wenn wir uns treffen in aller Unterschiedlichkeit. Wenn Barmherzigkeit den Boden bereitet, dann ist vieles möglich – auch das, was ich nicht gedacht hätte.

Der barmherzige Blick

Vor einiger Zeit bin ich am frühen Morgen aufgewacht, und auf einmal war ein Wort vor meinem inneren Auge: »Aus Gnade seid ihr gerettet durch Glauben, und das nicht aus euch: Gottes Gabe ist es« (Epheser 2,8). Nun wache ich nicht jeden Morgen mit einem Bibelwort auf. Genau genommen passiert das eher selten. Aber wenn es so ist, will ich es wahrnehmen und überlegen, was es mir zu sagen hat: »Aus Gnade gerettet durch den Glauben. Nicht aus euch!« Wieso ist das eigentlich so schwer zu begreifen? Was bringt mich dazu, lieber meiner eigenen Kraft zu vertrauen, wo das doch so viel anstrengender ist? Und was kann helfen, daran etwas zu ändern?

Nachdem ich aufgestanden bin, schlage ich den Vers und seinen Kontext in der Bibel nach:

> Aber Gott ist reich an Barmherzigkeit. Mit seiner ganzen Liebe hat er uns geliebt und uns zusammen mit Christus lebendig gemacht. Das tat er, obwohl wir tot waren aufgrund unserer Verfehlungen. – Aus reiner Gnade seid ihr gerettet! – Er hat uns mit Christus auferweckt und zusammen mit ihm einen Platz im Himmel gegeben. Denn wir gehören zu Christus Jesus! So wollte Gott für alle Zukunft zeigen, wie unendlich reich seine Gnade ist: die Güte, die er uns erweist, eben weil wir zu Christus Jesus gehören. Denn aus Gnade seid ihr gerettet – durch den Glauben. Das verdankt ihr nicht eurer eigenen Kraft, sondern es ist Gottes Geschenk. Er gibt es unabhängig von irgendwelchen Taten, damit niemand darauf stolz sein kann.
> *Epheser 2,4-9; BB*

Das ist aber eine Predigt – und es ist eine Predigt direkt für mich! Ganz ohne Auslegung – einfach so. Wie schaue ich auf das Leben, die anderen, mich selbst? Wie viel Selbstrechtfertigung liegt in vielen kleinen Gedanken? Und wie gut wäre es, wenn sich daran noch einmal etwas verändert? Wieso glaube ich so vielem mehr als der Gnade Gottes? Welcher »Herzens-Hunger« steckt dahinter und wartet darauf, gestillt zu werden?

Das ist ein geistlicher Weg, den schon viele vor uns gegangen sind. Schließlich ist es ja auch die Frage, die Martin Luther umgetrieben hat, die Frage nach dem gnädigen Gott. Diese Gnade und Barmherzigkeit wünsche ich mir als Lebensboden, auf den ich mich immer wieder flüchte, zu dem ich zurückkehren und an den ich mich erinnern lassen möchte.

Damit es gelingt, es in meinem Alltag greift und nicht nur ein Gedanke bleibt, nehme ich mir vor, Gnade und Barmherzigkeit einzuüben. In der Regel ist meine »To-do-Liste« so lang, dass sie nicht zu schaffen ist. Aber wenn Gnade gilt, sollte sie sich doch auch zeigen! Deshalb nehme ich mir ab jetzt nur noch drei wichtige Dinge pro Tag vor, und wenn sie erledigt sind, ist es gut. Auf diese Weise möchte ich lernen, dem Immer-mehr-tun-Wollen einen Riegel vorzuschieben. Die einzelnen Tage – mein Alltag und letztlich mein Leben – sollen unter einem anderen Vorzeichen beginnen und enden: Gnade und Barmherzigkeit. Damit will ich dem Gefühl des Nicht-genug-Seins etwas entgegensetzen. Wenn mehr gelingt als die drei Dinge, ist es gut, aber es muss nicht mehr sein. Mein Leben ist doch mehr als ein Wettlauf gegen mich selbst!

Ich ahne, dass das in das dritte Drittel hinein ein gutes Programm sein könnte.

Von Barmherzigkeit erzählen

Wenn im Alten Testament von der Barmherzigkeit Gottes gesprochen wird, ist es mehr als ein Begriff – dahinter stecken echte Geschichten, Lebensgeschichten. Das Volk Israel erzählt sich diese Geschichten bis heute: von Abraham und seinem Aufbruch in ein unbekanntes Land, von Jakob und seinen Konflikten mit Esau und Laban, von Josef und seinen Brüdern, vom Auszug aus Ägypten – Geschichten der Nähe und Barmherzigkeit Gottes in allem und trotz allem.

- Was erzählen wir einander, wenn wir uns treffen?
- Welche Geschichten werden wieder und wieder erzählt?

Es ist ja nicht nur das Erlebte. Durch unser Erzählen, durch das Wiederholen – *wieder* holen – verfestigen wir sie.

Wie wäre es, uns daran zu erinnern, wo Gott und Menschen mit uns barmherzig waren? Eine Wirklichkeit wird auch durch das geschaffen, was ich erinnere. Damit wird das Schwierige nicht schöngeredet, aber es bleibt nicht die einzige und vor allem nicht die bestimmende Wirklichkeit. »Vergiss nicht, was er dir Gutes getan hat« (Psalm 103,2). Vielleicht verändern sich meine Geschichten sogar, wenn ich es lerne, mir mehr und mehr Barmherzigkeit gefallen zu lassen.

Barmherzigkeit – die große Kunst, sie mir gefallen zu lassen

Die Wochen im Krankenhaus und anschließend in der Reha im Frühsommer 2023 lassen mich noch einmal anders hellhörig und aufmerksam werden für die Nöte anderer. Was hilft? Wer tröstet – und wie?

Trost ist ein wichtiges Werk der Barmherzigkeit Gottes. Trost ist einer der Namen Gottes. »Ich, ich bin euer Tröster!« (Jesaja 51,12). Der Heilige Geist ist der Tröster, den Gott sendet (Johannes 14,26). Daran zu glauben, dem zu vertrauen, heißt, unsere Welt und die Menschen nicht trost-los zu lassen.

Der Theologe Fulbert Steffensky erinnert sich daran, was ihm nach dem Tod seiner Frau am meisten geholfen hat:

> Den tiefsten Trost aus jener Zeit will ich nennen, es waren Freunde und Freundinnen, die mich oft besuchten und den Schmerz ehrten. Sie haben keine tröstenden Worte gefunden, sie waren da und sie haben sich von meinem Unglück nicht vertreiben lassen. Das Unglück vertreibt oft die Freunde, und trostlos macht einen ja nicht nur, was man erlitten hat. Trostlos macht uns die Einsamkeit … Indem sie mit sich selber da waren, nicht nur für mich, haben sie mir gezeigt, dass es noch etwas anderes gibt als mein eigenes Unglück. Sie haben mich langsam in die Welt zurückgeführt, in die ich eigentlich nicht mehr wollte. Trösten heißt die Trauernden nicht alleine lassen … Das große Unglück macht einen klein und bedürftig. Sich selber dem Trost nicht entziehen heißt auch, sich einzugestehen, dass man mit sich allein nicht fertig

wird. Man ist angewiesen. Diese Bedürftigkeit ist vielleicht die größte Kunst, die man lernen kann. In den wichtigen Dingen des Lebens ist man nicht sein eigener Meister. Einen Menschen trösten heißt, ihn bedürftig sein zu lassen.[75]

Aber es sind ja nicht nur Menschen, die uns trösten. Zu erleben, dass das Leben weitergeht, dass trotz allem die Sonne wieder aufgeht, auch das ist tröstlich. Fast scheint es mir, dass sich in dem, was ich wahrnehme, ein Fenster öffnet in eine andere Wirklichkeit. Und dass ich davon etwas lerne, was dort trägt.

Barmherzigkeit nicht denken, sondern tun

In der bei Lukas überlieferten Fassung der Bergpredigt fordert Jesus seine Jüngerinnen und Jünger sehr deutlich dazu auf: »Seid barmherzig, wie auch euer Vater barmherzig ist« (Lukas 6,36). Und in Matthäus 25 spricht Jesus davon, wie der Menschensohn die Menschen beurteilt. Ein wesentlicher Punkt seiner Aussagen ist: Es sind nicht irgendwelche Menschen, die gekleidet und gespeist, an denen die Werke der Barmherzigkeit vollzogen werden. Jesus selbst verbirgt sich unter der Maske der Bedürftigen: »Was ihr getan habt einem von diesen meinen geringsten Brüdern, das habt ihr mir getan« (Matthäus 25,40). Die Werke der Barmherzigkeit sind deshalb vor allem eines: Begegnungen mit Christus. Wie zeigt sich das aber in meinem Leben? Wie lebe ich diese Barmherzigkeit Gottes den Menschen gegenüber, bei denen es mir so richtig schwerfällt?

Jesus, so viele Schritte bin ich schon gegangen und spüre doch, dass noch einer dran ist. Für dich, für mich – damit aber auch für diesen Menschen, mit dem ich so gar nicht klarkomme. Brauche ich diese Zeit gerade nicht für neue Einfälle und Ideen, sondern damit du noch einmal redest? Ich wünsche mir, dass es auch anders geht, spüre aber, dass das jetzt mein Weg ist. Hilf mir bitte bei den nächsten Schritten – innerlich und äußerlich. Sie tun weh, kosten mich etwas, aber wie wäre es, wenn sie mich in eine neue Freiheit führen? »Weiter als mein Herz«, das gilt doch auch in diesem Fall. Deine Barmherzigkeit gilt auch hier, ob es mir passt oder nicht. Und was könnte es mit meinem Herzen machen, wenn ich trotz all meiner Argumente auch mit diesem Menschen barmherzig bin? Dann muss ich ihn nicht ausgrenzen und mit aller Kraft aus meinem Leben verdrängen. Dann muss ich nicht nach Geschichten suchen, die ihn in ein schlechtes Licht rücken. Dann hat er Platz am Herzen Gottes und macht mir meinen Platz nicht streitig. Dann, ja dann verändert sich etwas in meinem Herzen!

Dieses Gebet habe ich in mein Tagebuch geschrieben. Barmherzigkeit hat so viel mit mir und meinem Alltag zu tun. Und sie will nicht nur angenommen, sondern auch gelebt werden.

Woran merke ich, dass mein Herz weiter wird?

Wie passiert eigentlich eine Herz-Erweiterung? Was können wir dafür tun, was sollten wir lassen und wo heißt es einfach nur stillhalten, damit Gott etwas an uns tun kann? Als ich darüber nachgedacht habe, bin ich auf ein Buch des Geigenbauers Martin Schleske gestoßen: »Herztöne – Lauschen auf den Klang des Lebens«. Der Autor spricht von der »Barmherzigkeit mit dem Gegebenen«. Aber widerspricht das nicht aktiven Schritten der Veränderung Richtung Herzerweiterung? Schleske schreibt dazu:

> Als Geigenbauer weiß ich: Jedes Holz hat seinen Faserverlauf, seine Geschichte, seine Eigenheiten und Verletzungen. Das muss ich spüren, um das Holz zum Klingen zu bringen. Doch dazu braucht es Barmherzigkeit mit dem Gegebenen. Sie ist die eigentliche Schöpfungskraft, die alles heiligt, was sie berührt.[76]

Aber dann ist da auch das, was mich regelrecht in die Veränderung hineinlockt:

> Es gibt ein Geheimnis des Lebens, das besagt: Wir werden dem ähnlich, was wir lieben. Der Zugang zu dieser Erfahrung der Angleichung an den Geliebten aber ist die Freude. Das Bild Christi nimmt in uns Gestalt an, weil wir ihn lieben. So wird unser Suchen und Sehnen, unser Ringen und Fragen als ein Ausdruck unserer Liebe geheiligt sein – nicht, weil wir es müssen oder sollen, sondern weil die Kraft dessen, was wir lieben, nicht anders kann. Die Frage des Lebens ist, was du liebst. Du formst und veränderst dich nicht einfach, sondern du liebst – und so wirst du durch die Liebe unmerklich verändert.[77]

Das Bild von Jesus nimmt in mir Gestalt an, weil ich ihn liebe. Und Gestalt kann man sehen! Können andere – kann ich – entdecken, dass sich etwas verändert hat? Woran merke ich, dass mein Herz weiter geworden ist? Da passiert an einem Wochenende im Herbst 2022 tatsächlich etwas, wo ich ahne: Ich verändere mich hier gerade. Dass das möglich ist, gehört zu meinen persönlichen Überraschungen.

Der Auslöser war, dass ich nach drei Jahren mal wieder in Marburg war. 22 Jahre haben wir als Familie dort gelebt, und der Abschied im Advent 2014 ist mir richtig schwergefallen. Ohne zu übertreiben, würde ich sagen: Ich wollte nicht. Nicht wirklich. Meinem Mann zuliebe habe ich es akzeptiert, weil er eine neue Aufgabe bei der Deutschen Bibelgesellschaft in Stuttgart übernommen hatte. So weit der Entschluss. Und dann kam die Wirklichkeit und ich dachte: »Das schaffe ich nie. Wie soll das gut gehen?« Jetzt, im Frühjahr 2023, stehe ich staunend davor, wie gut es geworden ist. Dazu gehört auch das Erlebnis vor einem Jahr.

Beim Schlendern durch die Stadt ist mir vieles vertraut: das Drängeln im Oberstadtaufzug, das Kopfsteinpflaster in den engen Gassen, der Blick auf das Rathaus und natürlich Tee und Apfelstrudel bei Café Klingelhöfer, um schließlich den Steinweg hinunterzugehen bis zur Elisabethkirche. Es ist vertraut, sehr vertraut! Gleichzeitig aber spüre ich deutlich: Hier ist nicht mehr unser Zuhause. Wir sind weitergezogen – äußerlich, aber auch innerlich. Doch wie beschreibe ich, was sich verändert hat? Und woran merke ich es konkret?

Für mich hat sich das an diesem Wochenende in der Begegnung mit unterschiedlichen Menschen gezeigt: Ich habe eine Frau getroffen, mit der ich, vorsichtig gesagt, in den letzten Jahren in Marburg immer ein angespanntes Verhältnis hatte. Die Begegnungen mit ihr haben bei mir oft etwas angetriggert. Und wie wir alle wissen, gehören dazu ja immer zwei. In jedem Fall fühlte ich mich von ihr immer infrage gestellt. Und jetzt? Dieses Gefühl war einfach weg. Ich konnte ihr in einer entspannten Art und Weise begegnen, die ich so nicht für möglich gehalten hätte.

Woran ich es noch merke, dass sich gerade etwas verändert? Schon immer stehe ich gerne auf der Bühne. Es macht mir Spaß und in der Regel habe ich kein großes Lampenfieber. Wenn man mir eine Moderation anbietet, sage ich zu – auch wenn es zeitlich eng wird. So war es – aber so ist es nicht mehr. Auf dem Kongress in Marburg war eine Moderatorin ausgefallen, und alle schauten mich an. Aber ich konnte gelassen sagen: »Nein, wir wollen jüngere Frauen – und das bin ich ganz sicher nicht mehr.«

Daraufhin meldete sich eine junge Kollegin: »Ich würde es schon machen, aber ich brauche dann jemanden für mein Kind.« Sie hatte ihren anderthalbjährigen Sohn dabei, der versorgt werden musste. Sofort streckte ich den Finger in die Höhe: »Das mache ich!« Statt zu moderieren, bin ich mit dem Kleinen im Kinderwagen spazieren gegangen. Und – es fühlte sich gut an.

Noch ein Drittes habe ich an diesem Wochenende festgestellt: Im Laufe der letzten Jahre kann ich besser mit Menschen umgehen, die mir eigentlich gar nicht liegen. Eine ältere Dame meinte einmal: »Kennen Sie das? Es gibt Menschen, wenn man denen begegnet, sträubt sich einem das Gefieder!« Ja, das kenne ich. Und mein Fluchtimpuls ist dann groß. Aber in einer Begegnung zu merken: Diese Frau wird wohl nicht meine beste Freundin – aber wir können gut und fair miteinander umgehen. Das ist ein Geschenk und eine echte Veränderung.

Vielleicht erscheinen Ihnen diese Beispiele eher belanglos, weil Ihnen das alles schon immer leichtfällt. Dann haben Sie sicher andere Fragen und Herausforderungen, an denen Sie entdecken können, dass Ihr Herz weiter geworden ist. Entscheidend ist in jedem Fall, diese Punkte im eigenen Leben zu entdecken: Hier verändert sich etwas! Und sie sind oft praktischer, als wir es uns vorgestellt haben.

Aber da gibt es noch eine »größere Baustelle« für die Herz-Erweiterung. Ein weites Herz ist für mich auch ein gelassenes Herz. Hier habe ich noch ziemlich viel Luft nach oben. Wenn viel läuft, mein Leben unübersichtlich ist, wird mein Herz hart und angestrengt. Oft rette ich mich mit dem Gedanken: »Wenn das erst geschafft ist, dann ...!« Als ich das meinem Mann heute Morgen erzählte, lächelte er nur, und ich vervollständigte den Satz selbst: »... dann kommt das Nächste.« Ja, so lebe ich oft. Wie aber gelingt es, daran etwas zu verändern? »Jesus, was kann ich denn tun? Wie finde ich hier meinen Weg?«

Nun passiert mir das nicht ständig, aber an diesem Tag blättere ich ein wenig weiter in dem Buch von Martin Schleske, und da fällt es mir wie Schuppen von den Augen: Er schreibt von der »Seelenführung«. Wie sieht sie aus, die Kunst, die eigene Seele nicht einfach sich selbst zu überlassen, sondern wirklich zu führen? »Der reife Mensch lässt sich die Quellen zeigen, aus denen er leben soll. Es ist ein Zeichen von Reife und Stärke, dass ich weiß, was mich stärkt, und dass ich aus diesen Quellen lebe.«[78] Schleske bezieht sich auf das alttestamentliche Buch des Predigers und die biblische Weisheit:

> Das Weisheitsbuch stellt unausgesprochen die einfache Frage: »Hast du vergessen, wofür du brennst? Hast du vergessen, was Glück bedeutet? Warum pflegst du nicht die Quellen dei-

> nes Glücks? … Ihr sollt achtsam sein, dass es eurem Leib, eurer Seele und eurem Geist gut geht. Darum iss und trink, und schlafe genug und bewege dich und rieche die Kraft des Frühlings … Und sage Nein, wenn du Nein sagen sollst (um deine Berufung zu schützen!) … Und sei (um deiner Seele willen!) nicht nur nützlich, sondern »tu dich gütlich in deinem Leben«. Hast du diese Güte dir gegenüber verlernt? Arme Seele, dann hat sie den Grund ihrer Freude verloren.« …
> Der reife Mensch weiß: »Wehe, wenn ich über eine zu lange Zeit meine Quellen verlasse; wehe, wenn ich sie nicht pflege und vernachlässige, aus ihnen zu leben.« Denn alle Erfahrung von Glück hat damit zu tun, dass wir lernen, aus den Quellen zu leben, die uns gezeigt wurden.[79]

Und das alles unter der inneren Führung Gottes, der im Buch des Predigers sagt: »Er hat die Ewigkeit in ihr Herz gelegt!« (Prediger 3,11).

Die Ewigkeit ins Herz gelegt? Damit sortiert sich etwas: Wie wichtig ist das, was mich gerade so antreibt, wenn ich mir diese Perspektive vorstelle? Die Erde dreht sich weiter, auch wenn wir sie nicht anschieben. Und wie groß ist der Horizont, der über unserem Leben leuchtet? Damit wird nicht unwichtig, was heute ansteht – aber es ist vermutlich nicht entscheidend.

Sehr gerne hätte ich dieses Kapitel so stehen lassen. Irgendwie ist es rund. Aber dann meldet sich die Wirklichkeit zu Wort: Was ist, wenn Herz-Erweiterung noch einmal konkret wird? Schritte sind geschafft, aber auf einmal lande ich in einer Situation, in der ich das Gefühl habe: Klingt es nur gut – oder lebe ich es auch?

Herz-Erweiterung ist wieder einmal praktischer als gedacht und alles andere als ein »munteres Planspiel«. Da fordern mich Menschen und Situationen heraus, weil ich sie gerade nicht verstehe. Und es geht mir echt an die Substanz. Herz-Erweiterung – ein schönes Wort, aber was ist, wenn ich es einfach nicht schaffe? Wenn hier wirklich eine Grenze ist?

Aber liegt nicht genau da, im wirklichen Leben, ein echter Schlüssel zur Veränderung? Nach einer unruhigen Nacht setze ich mich am frühen Morgen hin und schreibe »meine Morgenseiten«: Es ist die Woche, deren Sonntag den Namen Judika trägt: »Gott schafft Recht!« Ich will lernen, nicht für mein Recht zu kämpfen, darum zu ringen, mich darum zu sorgen, sondern zu sagen: »Gott schafft mir Recht.« Und dann – wie eine Antwort des Himmels oder vielleicht ein Schlüssel, den ich jetzt brauche – ist es, als ob Gott wieder einmal durch die Gedanken von Martin Schleske zu mir spricht: »Du schützt deinen Glauben nicht dadurch, dass du Recht behältst, sondern dadurch, dass du ein Liebender bleibst.«[80] Daraufhin verschicke ich eine Nachricht: »Ich überlasse die Entscheidung dir. Und dann akzeptiere ich das.« Es fühlt sich an, als ob ich »eine Schlacht geschlagen hätte«.

Klingt das zu heftig? Mag sein. Aber solche Momente erlebe ich tatsächlich, wie ein Ringen um den richtigen Weg. Oft haben sie etwas ausgelöst in meinen Leben. Leicht sind sie nie. Aussuchen würde ich sie mir nicht. Aber »billiger« ist es wohl nicht zu haben. »Herz-Erweiterung«? Für mich ist es mehr als ein netter »Dreischritt« und die logische Gliederung dieses Buches. Es sind echte Schritte, die etwas kosten – aber die tatsächlich in eine neue Freiheit hineinführen.

Riskiere dein Herz

Wieso ein solches Buch – und wieso ich?

Da ich beschlossen habe, ehrlich mit Ihnen und mit mir zu sein, möchte ich in der Zielgeraden auch diese Frage mit Ihnen teilen. Ich habe sie mir beim Schreiben häufiger gestellt. Das hat nicht immer geholfen. Manchmal hat es mich sogar ziemlich ausgebremst und blockiert. Dafür gibt es verschiedene Gründe: Von außen betrachtet könnte es ja so aussehen, als ob mir das Schreiben einfach so zufällt. Das Gegenteil ist richtig. Da haben andere schon lange gedacht, dass ich es gut mache, und mein innerer Zensor widerspricht immer noch heftig. Vorträge zu halten und zu sprechen ist mir irgendwie in die Wiege gelegt. Dafür musste und muss ich mich nicht anstrengen. Schreiben dagegen war – und ist es manchmal noch – richtig anstrengend und immer begleitet von einer großen Portion Selbstzweifel. Ich bin nun mal nicht wie ... – wenn Sie bis hierhin durchgehalten haben, wissen Sie ja, welche Autorinnen und Autoren ich wirklich schätze, weil ich von ihnen auch eine Menge gelernt habe: Fulbert Steffensky, Susanne Niemeyer, Martin Schleske, Jele Mailänder, Tomas Sjödin, Henry Nouwen, Dietrich Bonhoeffer, Christina Brudereck – und so könnte ich diese Liste noch eine Weile fortführen.

Was wäre aber, wenn ich mich ernst nehme und meinen eigenen Ton finde? Durch eine Schreibwerkstatt bei Susanne Niemeyer im Stift Urach ist da bei mir ein Knoten geplatzt. Noch nicht bei dem Seminar selbst: etwas schreiben und in der großen Runde vorlesen war nicht so meine Sache. Aber es hat nachgewirkt und meine Schreibblockade gelöst und den inneren Zensor zum Schweigen gebracht. Oder zumindest kenne ich jetzt Mittel und

Wege, um ihn auszutricksen. Das war auch der Impuls, mich an das Manuskript für dieses Buch zu wagen.

Eine andere, eher inhaltliche Frage hat mich die ganze Zeit ebenfalls beschäftigt. In einem Telefonat wurde sie mir auch ausdrücklich gestellt, als mein Gesprächspartner plötzlich fragte: »Woher nimmst du eigentlich das Mandat für dieses Thema? Wer hat dich beauftragt?« Jetzt hätte ich mich wegducken können und sagen: »Na ja, das war der Vorstand unseres Verbandes.« Das wäre formal sogar richtig gewesen, schließlich gehört das Thema seit einiger Zeit zu meinem Arbeitsauftrag. Aber eigentlich ist es mehr. Seit ein bis zwei Jahren ist dieses Thema zu meinem Herzensanliegen geworden. Gemeinsam mit anderen aus meiner Generation will ich darüber nachdenken:

- Wie werden wir inspiriert und mit Perspektive älter?
- Wie finden wir unseren Platz in dieser Lebensphase – und wo machen wir Platz für die kommenden Generationen?
- Welche Bilder vom dritten Drittel unseres Lebens brauchen wir, damit das auf eine gute Art und Weise passiert?
- Wie bleiben wir bis zum Schluss lernfähig, um mit anstehenden Veränderungen gut umzugehen?

Nach diesem Telefongespräch dachte ich: Bin ich hier vielleicht gerade munter in eine »Frauen-Falle« getappt? Ich werde gefragt und fange an, zumindest innerlich, mich zu rechtfertigen. Wie hätte wohl ein Mann reagiert? Aber ich will dieser Frage nicht ausweichen, sondern eine Antwort wagen: Nein, sicher bin ich nicht in Bezug auf »mein Mandat«. Aber wie wäre es, es einfach mal zu versuchen und dann zu schauen, was daraus wird? Denn genau genommen sind mir die Menschen, die sich im Brustton der Überzeugung hinstellen und so »mandatssicher« scheinen, oft suspekt. Bei den Suchenden und Fragenden dagegen fühle ich mich wohl.

Wenn ich an die Generation Babyboomer denke, an meine Generation, möchte ich einfach versuchen, mit anderen gemeinsam zu fragen, was wir hier und heute brauchen. Wie sieht die Botschaft des Evangeliums aus, die wir hören wollen, auch für das Miteinander der unterschiedlichen Generationen? Und was motiviert mich selbst, meinen Beitrag zu leisten?

Sobald wir in Gesprächen und Freundschaften offen sind und anderen wirklich begegnen, also nicht in Oberflächlichkeit und Small Talk stecken bleiben, riskieren wir unser Herz. Immer. Ohne dieses Risiko geht es nicht. Das ist der Preis. Und ja, ich kann verstehen, wenn Menschen es nicht tun, weil sie nicht wissen, wie andere damit umgehen werden. Denn wenn wir unser Herz riskieren, machen wir uns verletzlich.

Andererseits bin ich davon überzeugt: Ohne dieses Risiko gibt es keine wirklichen Begegnungen. Erst wenn wir das, was uns wirklich bewegt, miteinander teilen, passieren »Herzens-Begegnungen«. Und ich habe noch niemanden getroffen, den das nicht berührt hat. Deshalb will ich es wieder und wieder versuchen – und meine Ängste und Zweifel sollen nicht das letzte Wort haben. Wer weiß, was daraus entsteht?

Jetzt bin ich auf der Zielgeraden, und während ich schreibe, erlebe ich gerade eine spannende Veränderung. Die Autorin Julia Cameron beschreibt es so:

> Ich lernte, meine Gedanken auf das Papier fließen zu lassen und aufzuschreiben, was ich hörte. Mein Schreiben hatte nun

mehr mit dem Lauschen nach innen als mit dem Erfinden von Knalleffekten zu tun … Ich musste nicht mehr auf die richtige Stimmung und nicht mehr auf Inspiration warten. Ich schrieb einfach. Kein Geschacher mehr. War das Produkt gut oder schlecht? Das ging mich nichts an. Nicht ich schrieb. Als Autorin, die sich selbst im Wege steht, trat ich ab und konnte freiheraus schreiben.[81]

So ist es auch mir ergangen und Sie dürfen entscheiden, ob und was Sie damit anfangen möchten.

»Das schreib dir in dein Herze«

»Das schreibt euch mal hinter die Ohren«, meinte Fräulein Schwieger, unsere Deutschlehrerin, wenn sie wollte, dass wir uns etwas unter allen Umständen merken. Inzwischen habe ich aber das Gefühl, dass ich mir besonders das merke, was mir »ins Herz geschrieben« ist. Aber wer schreibt denn da – und die vielleicht noch wichtigere Frage: Wen lasse ich dort etwas hineinschreiben?

Beim Start in das dritte Drittel des Lebens sind wir alle keine »unbeschriebenen Blätter« mehr, davon klingt in diesem Buch ja so einiges an. Was ist es aber, was ich mir selbst noch einmal »ins Herz schreiben« möchte?

Barmherzigkeit zu Besuch

Zu Beginn der Weihnachtsgeschichte treffen wir Zacharias und Elisabeth (Lukas 1,5-25). Sie sind ein altes Ehepaar – zumindest zu ihrer Zeit. Vielleicht sind sie so um die fünfzig Jahre oder so alt wie ich. Und auf einmal rückt mir ihre Geschichte näher als gedacht.

Die tiefste Erfüllung, die ein Ehepaar zu ihrer Zeit haben kann, bleibt ihnen versagt. Sie sind kinderlos. Wie lange haben sie gewartet, gehofft und gebetet? Es war nie eine Forderung, aber heißes Gebet. Es war nie Ultimatum, aber hoffnungsvolle Erwartung. Darüber sind sie alt geworden. Ob sie die Hoffnung irgendwann aufgegeben haben?

Gerne würde ich Zacharias fragen: »Sag mal, hast du irgendwann aufgehört zu beten und zu hoffen? Und wie bist du mit der Enttäuschung umgegangen? Zu beten und nichts tut sich?«

Anderen können wir vielleicht erklären, warum Gott gut ist, bloß uns selbst nicht. Und langsam legt sich die Enttäuschung wie eine schwere Decke auf die Seele. Dann sind wir äußerlich vielleicht noch gehorsam, aber innerlich? Vermutlich hat Zacharias auch zu kämpfen. Und dann passiert etwas, mit dem niemand gerechnet hat, am wenigsten er selbst. Gott schickt einen Engel, der ihm verkündet: »Fürchte dich nicht, Zacharias. Dein Gebet ist erhört worden. Deine Frau Elisabet wird dir einen Sohn schenken. Dem sollst du den Namen Johannes geben« (Lukas 1,13; BB).

Und was antwortet Zacharias? »Ich bin ein alter Mann« (Vers 18).

Es kommt mir vor, als würde er Gott unterbrechen und sagen: »Lass mal. Ich bin alt. Du hattest deine Chance. Da hätten wir dich gebraucht. Jetzt ist es zu spät!«

Doch der Engel erwidert: »Ich bin Gabriel, der vor Gott steht. Gott hat mich gesandt, um mit dir zu reden« (Vers 19). Das erinnert an die Worte, wie sich Gott schon im Alten Testament vorstellt: »Ich bin, der ich bin!« – »Ich bin der ›Ich bin da‹!«

Der Name Zacharias bedeutet: »Gott gedenkt.« Jetzt bewahrheitet sich dieser Name: Keines seiner Gebete hatte Gott vergessen! Das bedeutet nicht, dass alles immer aufgeht. Aber hier wird der tiefste Wunsch erfüllt. Vielleicht hat Zacharias irgendwann aufgehört, daran zu glauben, dass Gott sein Gebet erhört. Doch Gott hat noch so viel mit ihm vor. Der reife Glaube vertraut nicht einfach nur so, sondern er weiß, dass das Leben anders sein darf, als ich es mir wünsche, dass auch Gott anders sein darf, als wir meinen.

Mein Glaube und mein Leben sind mit den Jahren nicht einfacher geworden. Aber ich habe das Gefühl, dass das wirkliche Leben darin Platz hat: mit Schönem und Schwierigem, mit Zweifel und Glauben – und mit einem Dennoch-Vertrauen!

Bei Zacharias und Elisabeth spüre ich so etwas wie eine neue Lebensberufung – für sie geschieht das praktisch durch die Geburt von Johannes. Aber ich glaube, dass sich eine erneuerte Lebensberufung in vielen Bereichen zeigen kann – und wir vielleicht auch ganz froh sind, wenn es nicht noch ein »Alters-Kind« ist. Gibt es nun also in dieser Übergangszeit eine neue Platzanweisung?

Für mich selbst sind es Schwerpunkte, die ich bewusst setzen möchte: in der Begleitung und Unterstützung der kommenden Generationen. Im Engagement für die Menschen meiner Generation. In der Offenheit dafür, dass wir von Gott vielleicht in der nachberuflichen Lebensphase an einen neuen Platz geführt werden. Die Geschichte von Elisabeth und Zacharias geht ja noch weiter. Endlich wird Johannes geboren. Gott selbst hat diesen Namen bestimmt. Johannes bedeutet: »Gott ist gnädig.« Dieser Name hat eine wegweisende Bedeutung. So ist Gott. Gnade und Erbarmen. Das sind seine Namen. Die Gnade? Sie ist unsere Lehrerin. Sie erzieht auf wunderbare Weise. Zacharias, vom Heiligen Geist erfüllt, stimmt ein Loblied an. Am Schluss seines Liedes heißt es:

> Durch die herzliche Barmherzigkeit unseres Gottes, durch die uns besuchen wird das aufgehende Licht aus der Höhe, auf dass es erscheine denen, die sitzen in Finsternis und Schatten des Todes, und richte unsere Füße auf den Weg des Friedens.
> *Lukas 1,78-79*

Gottes Erbarmen besucht uns. »Willkommen!«, würde ich sagen. »Bleib gerne hier.« Denn wie kann das sonst mit der Barmherzigkeit funktionieren, wenn es nicht eine zusätzliche Last sein soll? Niemand kann barmherzig sein, der nicht Gottes Barmherzigkeit erfahren hat oder zumindest glauben kann, dass er oder sie es wert ist, sie zu erhalten.

Aber wächst daraus für Menschen, die diese Barmherzigkeit nicht erfahren haben, nicht ein unendlicher Kreislauf der gelebten Unbarmherzigkeit oder Herzenshärte? Diese Gefahr besteht. Und im Leben vieler Menschen können wir ja genau das ablesen. Doch die Geschichte des barmherzigen Vaters in Lukas 15 lehrt mich etwas anderes. Es hat mit Buße und Umkehr zu tun.

In früheren Jahrhunderten war die Adventszeit eine Zeit der Buße. Lange konnte ich damit nichts anfangen. Aber unter diesem Vorzeichen – noch einmal umzukehren auf einen neuen Weg, da wünsche ich mir eine solche »Bußzeit« regelrecht herbei.

Viele Jahre habe ich mich selbst wiedergefunden in der Rolle des älteren Sohnes. Voller Neid habe ich auf den jüngeren geschaut, der sich scheinbar alles erlauben konnte. Und am Ende wird sogar ein Fest für ihn gefeiert. Als Älteste war es in vielerlei Hinsicht meine oft selbst gewählte Rolle. Eigentlich war ich immer in der Nähe des Vaters. Und ich musste lernen, dass mein himmlischer Vater so ganz anders ist. Auch anders, als ich es selbst meinen Kindern gegenüber leben kann. Da bleibt etwas offen. Mich macht es bescheiden und demütig, das so wahrzunehmen. Aber heute weiß ich es und kann es auch glauben: Wer dem »Vaterherzen« und dem »Mutterschoß Gottes« begegnet, bei dem wird in der Tiefe seines Herzens etwas heil.

Jesus, du sprichst mich an mit diesen alten und zärtlichen Worten: Erbarmen, Gnade, Güte, Barmherzigkeit. Lehre mich deine Sprache, lass mich weitergeben, was ich von dir erfahre mit gütigen Worten und einem weiten Herzen. Amen.

Herzens-Wissen

Woran möchte ich mich erinnern lassen? Welches »Herzens-Wissen« trägt mich in die nächste Lebensphase? Wir überblicken ja nicht einmal die nächsten Jahre, deshalb ist es vermutlich ratsam, nicht zu »große Töne zu spucken«. Aber trotzdem Ausschau zu halten: Was hilft mir jetzt?

Bei mir sind es zum einen die Bibel und besonders die Psalmen, die weiter einen festen Platz in meinem Alltag und in meinem Herzen haben. Zum anderen schaue ich sehr genau hin, was Menschen sagen und schreiben, die diese Phase schon erlebt und manchmal auch durchlitten haben. Und dann wähle ich aus, was für mich schlüssig ist. So wie der alte Jörg Zink, der schreibt: »Altersweisheit: Weisheit ist ja nicht nur die lange Erfahrung, die bewährte Routine oder das angesammelte Wissen, sondern ein weites und nachdenkliches Herz.«[82] Oder Franz von Sales, der einmal gesagt hat: »Halte dein Herz offen und lass es groß sein!«

Zum Schluss möchte ich daher drei älteren Menschen das Wort erteilen und auf das hören, was sie zu sagen haben.

Im Frühsommer 2023 haben wir einen Geburtstagsgruß von Vreni Theobald erhalten. Nicht wir hatten Geburtstag, sondern sie. Aber sie hat an ihrem Geburtstag uns mit ihren Gedanken beschenkt. Und schreibt:

> Ihr Lieben, ich freue mich über meine stattlich gewordene Geburtstagszahl 77! Aber es ist mir bewusst, dass ich nun gegen die 80 zuwandere, und davor habe ich schon Respekt. Ich bin sehr dankbar, dass es mir so weit gut geht, abgesehen von den verschiedenen Zipperlein mit den Gelenken. Wir bewältigen unseren Alltag im Miteinander (meist) zufrieden und versuchen auch »über den Gartenzaun« hinaus zu sehen und Anteil zu nehmen an dem, was andere nötig haben und erleben, und am Geschehen in unserer Welt. Ich las in diesen Tagen ein Buch, dessen Titel mich sehr berührt hatte: »Der heutige Tag – ein Stundenbuch der Liebe« von Helga Schubert. Ich spürte, dass dieser Titel beschreibt, was und wie ich mein Leben mit meinem Mann zusammen erlebe: Die Vergangenheit, was wir einmal gemacht haben, hat kein großes Gewicht mehr und die Zukunft ist nicht planbar. Es geht um die Gegenwart, um den heutigen Tag. Wie wir den gestalten, leben und annehmen und vertrauen. Und es geht um die Liebe. Dass die Liebe bleibt, lebendig bleibt, alles durchdringt und schön macht.

Tag für Tag – auch durch die Verzweiflungsmomente und Ängste hindurch. Es geht nicht mehr um die großen Würfe und Erlebnisse, es geht um die achtsame Freude am Möglichen im Heute, auch am Unscheinbaren und Kleinen, an Begegnungen, an der Natur, an Zeichen der Liebe und des gemeinsamen Tragens und Daseins. Die »kleinen Brötchen« machen auch satt.

Es ist so, dass diese neue Alters-Lebensphase noch mal eine »Lernzeit« ist. Ich habe mir das eigentlich immer gewünscht, dass ich im Alter lernfähig bleiben darf. Aber man stellt sich natürlich andere Lernfächer vor – denkerische und geistige Aufgaben, geistliche Erkenntnisse, wunderbare Reifungsprozesse, inspirierende Vorträge oder Reisen. Nun ist vor allem das Herz gefragt: ob mein Herz-Innenraum bewohnbar und gepflegt ist, es geht um mein Vertrauen, meinen eigenen inneren geistlichen Prozess, mein Leben mit Jesus, um Geduld, das Annehmen der Situation, wie sie ist, mein Ja zum Leben, meine Bereitschaft, eigene Vorstellungen loszulassen, gütig zu bleiben, wenn ich gerade lieber aus der Haut fahren möchte. Es ist gut so, wie es ist. Ich glaube, es gibt dem Leben noch einmal einen tieferen Boden und den Blick zum Himmel. Und das könnte ja wahrscheinlich doch das Programm Gottes für das Alter sein. Also üben und lernen wir weiter. Es gibt noch Luft nach oben!

Herzenswissen!

Im Sommer 2023 ist der Theologe Fulbert Steffensky neunzig Jahre alt geworden. Vieles habe ich von ihm gelernt (das haben Sie vermutlich gemerkt), daher soll auch er hier zu Wort kommen:

Aber es sind eigentlich die alten Fragen, die eine Antwort suchen: Wofür stehen wir mit unserem Leben? Wie gelingt es müden Herzen, zu beten? Wie werden wir fähig, auf die Worte zu hören, die unsere Väter und Mütter getröstet haben? Wie entkommen wir dem Zwang, uns durch Funktionieren zu rechtfertigen? Wie geben wir weiter, was wir selber oft nur halb besitzen: den Glauben und die Hoffnung auf den Gott, der unser Leben auffängt? Eine Generation wird auch daran gemessen, was sie ihren Kindern und Enkeln hinterlässt.[83]

Was ich mir wünsche, ist: immer und unter allen Umständen geborgen zu sein in Gott, wie Jörg Zink es beschreibt:

Geborgen in Gott[84]

Was meine Zukunft bringen wird, weiß ich nicht.
Ich muss es nicht wissen.
Ich bin in Gott. Ich werde in Gott sein.
Ich ruhe in der Ruhe Gottes. Das genügt mir.

Leid und Unglück sind nicht das Letzte.
Wenn die Nacht vorüber ist, kommt der Tag.
Er wird mich in Licht verwandeln.

Ich gehe an den Tisch, an den Jesus
seine Leute eingeladen hat.
Das Haus ist offen. Der Tisch ist frei.
Er ist gedeckt. Ich werde zu Hause sein.

Und mit Worten aus Psalm 121, einem Reisesegen, auch für unsere Lebensreise, hört es sich so an:

> Der Herr behüte dich vor allem Übel, er behüte deine Seele. Der Herr behüte deinen Ausgang und Eingang von nun an bis in Ewigkeit!
>
> *Psalm 121,7-8*

Ausblick & Dank

»Wie erklärst du den Menschen, was für ein Buch du geschrieben hast«, fragt mich jemand in der finalen Phase. Spannende Frage. Vielleicht so: Ich liebe Reiseführer. Immer wenn wir an Orte fahren, die wir nicht kennen, kaufen wir uns einige Zeit vorher einen Reiseführer und fangen an zu stöbern:

- Was macht diese Gegend so besonders?
- Wie ist die Geschichte?
- Was gibt es Neues zu entdecken?

Reiseführer helfen mir, mich zurechtzufinden – aber vor allem wecken sie viel Vorfreude auf das, was uns erwartet! Und ich dachte: Vielleicht ist dieses Buch eine Art Reiseführer beim Start in das dritte Drittel unseres Lebens:

- Wer sind wir?
- Was brauchen wir?
- Was erwartet uns?
- Was gibt es Neues zu entdecken?
- Wie sind wir gut ausgestattet?

Manchmal können andere von außen betrachtet etwas viel besser formulieren und sehen klarer als wir selbst. Eine Freundin und Begleiterin hat mir dazu geschrieben: »Du erzählst, wie du die Frau geworden bist, die du heute bist – was dich prägt, freut und bestimmt. Und es ist ein ehrliches Buch. Du machst dich verletzlich, gibst Anteil am Schönen und Schwierigen und zeigst, was du lernen musst. Solche Bücher sind selten und kostbar. Ich finde es wirklich gut!«

Ehrlich zu sagen und zu zeigen, wie es ist – und Ausschau zu halten nach dem, was kommt –, das trifft es. Eigentlich habe ich es gemacht, wie der Autor und Kreative Austin Kleon empfiehlt[85]:

> Schreib das Buch, das du selbst lesen möchtest! Der beste Rat ist, nicht das zu schreiben, was man kennt, sondern das, was man mag. Schreib genau die Art Geschichte, die dir am besten gefällt – schreib die Geschichte, die du selbst lesen möchtest!

Was ich brauche beim Start in den nächsten Lebensabschnitt, ist vor allem eines: ehrliche Geschichten und Fragen, die mich locken. Wie z. B. diese: »Erzählen Sie einmal, was hat das Leben aus Ihnen gemacht?«

Aber alle Gedanken, Inspiration und Erfahrungen stehen ja nicht für sich, sondern sind entstanden in Gesprächen, Begegnungen und im Lebenteilen. Deshalb danke ich unseren Freundinnen und Freunden, Weggefährten und Begleiterinnen von ganzem Herzen. Ich bin so froh, dass es euch gibt! Und ich danke meinen Kolleginnen und Kollegen für allen Austausch, die Freude und den Mut, mit diesem spannenden Thema zu experimentieren: Neugierig auf das, was kommt! Inspiriert älter werden.

Ein herzliches Dankeschön an Tabea Halbmeyer vom SCM Verlag: Ihre Begeisterung für das Thema hat mich angesteckt. Und einen großen Dank auch an die Lektorin Christiane Kathmann mit ihrem fantastischen Sprachgefühl.

Ich danke meinen Eltern Bärbel und Otto Buchholz: Ihr habt mir Wurzeln und Flügel geschenkt.

Ein besonderes Dankeschön geht an meine Familie, ihr seid nun wirklich der große Schatz unseres Lebens: Simon, Tobias, Anne, Joshuah und Leo! Ich bin so froh, dass es euch gibt.

Und ich danke dir, Christoph, für unser gemeinsames Leben, deine Liebe und Treue und alle Ermutigung. So können wir tapfer weiterziehen!

Vor allen und allem danke ich aber dir, unserem himmlischen Vater, dass du mir das Leben und den Glauben geschenkt hast.

Christiane Rösel, September 2023

Zum Weiterlesen und -hören

Buchtipps

Reinhard Deichgräber: Stufen des Glaubens – Stufen des Lebens. Brunnen 1999.

Eckard von Hirschhausen & Tobias Esch: Die bessere Hälfte – Worauf wir uns mitten im Leben freuen können. Rowohlt 2018.

Daniela Mailänder: Wenn Gott zum Aufbruch ruft. SCM Brockhaus 2022.

Markus Müller: Die Champions League des Lebens – Warum älter werden das Beste ist, was uns passieren kann. SCM Hänssler 2019.

Markus Müller: Lebensplanung für Fortgeschrittene – Wie wir älter werden wollen. SCM Hänssler 2016.

Christiane Rösel: Das Glück sucht uns. Psalmen-Lesebuch. Deutsche Bibelgesellschaft 2023.

Martin Schleske: Herztöne – Lauschen auf den Klang des Lebens. adeo 2016.

Tomas Sjödin: Wo du richtig bist – Vom Aufbrechen und Heimat finden. SCM Brockhaus 2017.

Fulbert Steffensky: Schwarzbrotspiritualität. Radius 2005.

Hans-Werner Wahl: Die neue Psychologie des Alterns – Überraschende Erkenntnisse über unsere längste Lebensphase. Kösel Verlag 2017.

Jörg Zink: Genieße den Reichtum der Jahre. Kreuz Verlag 2011.

Links

Christiane Rösel & René Winkler: Vorwärtsleben – der Podcast für Babyboomer. https://vorwaertsleben.com/

Stefan Robiné & Constanze Abratzky: Babyboomer-Stories (Podcast). https://babyboomer-stories.de/

Bertram Kasper & Catharina Maria Klein: Gelassen älter werden – Der Podcast. https://gelassen-aelter-werden.de/podcast-2/

Gerne dürfen Sie mich kontaktieren:
https://christianeroesel.de/

Anmerkungen

1 E. von Hirschhausen & T. Esch: Die bessere Hälfte – Worauf wir uns mitten im Leben freuen können. Rowohlt 2018, S. 12.
2 Autor unbekannt.
3 Gott ist die Liebe, Text: August Rische (1852); Melodie: Thüringen um 1840.
4 T. Sjödin: Wo du richtig bist – Vom Aufbrechen und Heimat finden. SCM Brockhaus 2017, S. 25.
5 F. Steffensky: Schwarzbrotspiritualität. Radius 2005, S. 233-234.
6 D. Mailänder: Wenn Gott zum Aufbruch ruft – Von Mut und von der Unsicherheit als Chance. SCM Brockhaus 2022.
7 Ebd., S. 66.
8 Nach Ebd., S. 112.
9 Ebd., S. 201.
10 https://perspektive-3d.com/, zuletzt abgerufen am 02.11.2023.
11 Die Idee zu dieser Übung verdanke ich Wolfgang J. Bittner.
12 U. & W. J. Bittner: Ich suche mich in deinen Spuren – Meine Lebensplanung und Gottes Geschichte. Aussaat Verlag 2007, S. 32-33.
13 Ebd., S. 34.
14 Ebd., S. 38.
15 https://www.freudenwort.de/seminare-mehr/, zuletzt abgerufen am 02.11.2023.
16 H. Buiting: Schreiben ist Gold – Eine Einladung zu Kreativität und Achtsamkeit. Herder 2022, Klappentext.
17 F. Schulz von Thun: Miteinander reden: Störungen und Klärungen – Psychologie der zwischenmenschlichen Kommunikation. Rowohlt 1988, S. 45.
18 EG 93; Nun gehören unsre Herzen, Text: Friedrich von Bodelschwingh (1938); Melodie: Richard Lörcher; © (Melodie) Verlag Merseburger, Kassel.
19 Persönliche Notizen eines Vortrags von Hartmut Rosa auf dem Kirchentag 2017 in Berlin.
20 EG 11; Wie soll ich dich empfangen, Text: Paul Gerhardt (1653); Melodie: Johann Crüger (1653).
21 EG 37; Ich steh an deiner Krippen hier, Text: Paul Gerhardt (1653); Melodie: Johann Sebastian Bach (1736).

22 EG 541; Von guten Mächten, Text: Dietrich Bonhoeffer (1944); Melodie: Siegfried Fietz; © (Melodie) ABAKUS Musik Barbara Fietz, Greifenstein.

23 EG 93; Nun gehören unsre Herzen, Text: Friedrich von Bodelschwingh (1938); Melodie: Richard Lörcher; © (Melodie) Verlag Merseburger, Kassel.

24 EG 116; Er ist erstanden, Originaltitel: Mfurahini Haleluya; Text und Melodie: Bernhard Kyamanywa; deutsch: Ulrich S. Leupold; © (Text und Melodie) beim Urheber; © (dt. Text) Lutherischer Weltbund, Genf.

25 EG 136; O komm, du Geist der Wahrheit, Text: Philipp Spitta (1833); Melodie: 16. Jahrhundert; Böhm. Brüder 1535; Johann Crüger 1662; Berlin 1932.

26 EG 508; Wir pflügen und wir streuen, Text: Matthias Claudius (1783), Melodie: Hannover 1800.

27 Die Gott lieben werden sein wie die Sonne, Text und Melodie: Peter Strauch; © 1981 SCM Hänssler, Holzgerlingen.

28 Gott ist für mich, Text und Melodie: Irene Sperr; © Irene Sperr. https://www.irene-sperr.de/, zuletzt abgerufen am 02.11.2023.

29 F. Steffensky: Der alltägliche Charme des Glaubens. Echter Verlag 2002, S. 48.

30 ZEITmagazin 08.04.2020, Ostergeschichte: Wenn der Tod besiegt werden kann, dann ist auch alles andere möglich. ZEITmagazin, zuletzt abgerufen am 02.11.2023.

31 https://www.betberg.de/, zuletzt abgerufen am 02.11.2023.

32 EG 445; Gott des Himmels und der Erden, Text und Melodie: Heinrich Albert (1642).

33 Mehr Infos unter www.bibliolog.org und auf www.christianeroesel.de, zuletzt abgerufen am 02.11.2023.

34 Das Gewitter, Text: Gustav Schwab (1828).

35 H. Buiting: Vom Warten, Wundern und Wenigeristmehr. Neukirchener Aussaat Verlag 2015, S. 119.

36 Vor dir werde ich still, Text und Melodie: Hans-Joachim Eckstein; © 2018 Eckstein Production – www.ecksteinproduction.com. https://www.youtube.com/watch?v=DigZ8IF2W7A, zuletzt abgerufen am 02.11.2023.

37 K. Marti: Notizen und Details 1964-2007. Göttingen 2021, S. 807.

38 https://de.wikipedia.org/wiki/Inneres_Kind, zuletzt abgerufen am 02.11.2023.

39 W. Weber: Entdecke das Kind in dir – Der beste Weg zu Lebenslust und Kreativität. R.Brockhaus 2008, S. 95.

40 Ebd., S. 102.

41 Ebd., S. 106.

42 H. Clinebell: Wachsen und Hoffen. Christian Kaiser 1983, S. 68.

43 D. Bonhoeffer: Widerstand und Ergebung, Bd. 8. DBW 1998, S. 28.

44 C. Rösel: Das Glück sucht uns – Psalmen-Lesebuch. Deutsche Bibelgesellschaft 2023.

45 M. Schleske: Werk:Zeuge – In Resonanz mit Gott. Bene 2023.

46 Ebd., S. 256-257.

47 Prof. H.-W. Wahl: Die neue Psychologie des Alterns – Überraschende Erkenntnisse über unsere längste Lebensphase. Kösel 2017, S. 51.

48 Die (Rest-)Lebenserwartung im Alter 60 beträgt laut Statistischem Bundesamt 21,7 Jahre für Männer und 25,4 Jahre für Frauen. Quelle: Statistisches Bundesamt (2022): Statistischer Bericht, Sterbetafeln 2019/2021, Juli 2022, zitiert nach: aba – Arbeitsgemeinschaft für betriebliche Altersversorung e. V. https://www.aba-online.de/infothek/statistik/demografisches-und-soziales-umfeld, zuletzt abgerufen am 02. 11. 2023.

49 Für die folgenden Abschnitte vgl. Wahl: Die neue Psychologie, a. a. O., S. 33-48.

50 Ebd., S. 36.

51 Ebd., S. 38-39.

52 Ebd., S. 47, 49.

53 Ebd., S. 215.

54 F. Backmann: Ein Mann Namens Ove. Fischer Krüger 2014.

55 R. Sider: Der Weg durchs Nadelöhr – Reiche Christen und Welthunger. Aussaat 1986.

56 A. Jakob: Aufbruch – Zurück in die Zukunft. In: Brigitte WIR 6/2022, S. 38-42. (Anmerkung: Leider wurde Brigitte WIR 2023 eingestellt, ältere Ausgaben können im Netz bestellt werden.)

57 https://omasforfuture.de/ueber-uns/#leitbild/, zuletzt abgerufen am 02. 11. 2023.

58 F. Steffensky: Schwarzbrotspiritualität. Radius 2005, S. 228.

59 Zitiert nach: feinschwarz – theologisches Feuilleton, 03. 07. 2018. https://www.feinschwarz.net/sommer-mit-feinschwarz-bereit-zum-aufbruch/, zuletzt abgerufen am 02. 11. 2023.

60 Steffensky: Schwarzbrotspiritualität, a. a. O., S. 230-231.

61 A. J. Jacobs: Die Bibel & ich – Von einem, der auszog, das Buch der Bücher wörtlich zu nehmen. Ullstein 2008.

62 R. Welter-Enderlin & B. Hildenbrandt (Hrsg.): Resilienz – Gedeihen trotz widriger Umstände, 2. Aufl. Carl-Auer-Verlag 2008.

63 ZEIT ONLINE (Hrsg.): Podcast. https://www.zeit.de/serie/was-jetzt?utm_referrer=https%3A%2F%2Fwww.google.com%2F; Worthaus e. V. (Hrsg.): Podcast. https://wort-und-fleisch.de/; S. Robiné & C. Abratzky: (Podcast). https://babyboomer-stories.de/, zuletzt abgerufen am 02. 11. 2023.

64 https://vorwaertsleben.com/, zuletzt abgerufen am 02.11.2023.
65 https://www.kirche-kunterbunt.de/verstehen/was-ist-kirche-kunterbunt/, zuletzt abgerufen am 02.11.2023.
66 https://fruehstueckstreffen.de/, zuletzt abgerufen am 02.11.2023.
67 https://2fluegel.de/gz/, zuletzt abgerufen am 02.11.2023.
68 Hirschhausen & Esch: Die bessere Hälfte, a.a.O., S. 31-32.
69 U. Böschemeyer: Wie Sie beim Altern ganz sicher scheitern. Ecowin Verlag 2017, S. 66-67.
70 Hirschhausen & Esch: Die bessere Hälfte, a.a.O., S. 81.
71 Diese Erfahrungen habe ich schreibend in folgendem Buch verarbeitet: C. Rösel: Veränderung – Wenn aus Lebenswenden Neues wächst. SCM Hänssler 2016.
72 Bis hierher hat mich Gott gebracht, Text: Ämilie Juliane Gräfin von Schwarzburg-Rudolstadt (1699); Melodie: Peter Sohr (1668); Halle 1704.
73 D. Mailänder: Herzheimat – Dort ankommen, wo Gott auf mich wartet. SCM Brockhaus 2018.
74 H.-J. Eckstein: Sorge dich nicht, vertraue! Gedanken, die tragen. SCM 2022, 2. Aufl., S. 105.
75 F. Steffensky: Orte des Glaubens – Die sieben Werke der Barmherzigkeit. Radius 2017, S. 74-77.
76 M. Schleske: Herztöne – Lauschen auf den Klang des Lebens. adeo 2016, S. 31.
77 Ebd., S. 194.
78 Ebd., S. 196-198.
79 Ebd., S. 310.
80 Ebd., S. 310.
81 J. Cameron: Der Weg des Künstlers – Ein spiritueller Pfad zur Aktivierung unserer Kreativität. Droemer Knaur 1996 und 2009, S. 19.
82 J. Zink: Genieße den Reichtum der Jahre. Kreuz Verlag 2011, S. 36.
83 Steffensky: Schwarzbrotspiritualität, a.a.O., S. 7.
84 Zink: Genieße den Reichtum, a.a.O., S. 66.
85 A. Kleon: Alles nur geklaut. Mosaik Verlag, 8. Aufl. 2013.